Valuation
A Primer

企業価値評価

入門編

早稲田大学ビジネススクール 教授
鈴木一功=著

ダイヤモンド社

まえがき

　近年、M&A 取引（企業の合併・買収）の日常化もあり、投資や経営、買収の意思決定など、金融機関のみならず一般事業会社においても、企業価値の計算が日々の経営戦略を策定・実行するうえで重要な分析ツールとなっている。また会計分野でも、時価会計への流れと相まって、不動産などの資産時価や銀行の貸出債権の時価に至るまで、キャッシュフロー割引モデルの応用が試みられている。

　たとえば上場企業の買収に目を向けると、被買収企業の少数株主が、買い手の提示した買取価格や合併比率が不当に低いと経営陣に異議を唱えたり、裁判所に価格算定を求めたりする事例は増えている。こうしたケースでは、どのような企業価値評価手法が妥当か、それぞれの企業価値評価手法で用いられた数値は適切なのかといった、細かな論点に関する精緻な議論が展開される。

　ビジネスパーソンは、こうした議論の背景となるファイナンス理論の理解と、その理論を実務に適切に応用することが不可欠である。ただ実際には、M&A の最先端で企業価値評価の実務に携わる実務家であっても、理論と実務をバランスよく修得している者は、必ずしも多数派ではないように思える。

　筆者は、前職の M&A 部署で企業価値評価の実務を担当していた頃から通算すると、20 年以上にわたり接点を持ち続けている。現在はビジネス・スクールにおいて、企業価値評価の背景となるコーポレート・ファイナンス理論と、企業価値評価の実務手順を解説する講義を担当している。その傍ら、金融機関の M&A 部署の外部アドバイザーとして、実際の現場で作成される企業価値評価算定書について、実務家から数多くの相談を受けている。

　ビジネス・スクールの講義とは、初学者にも理論と実務を理解してもらうためのチャレンジの連続である。講義中の学生の表情や質問、試験の結果などを基に、その説明を少しでもわかりやすいものにするために、筆者なりに日々、改善を積み重ねてきた。その現時点における集大成が本書、『企業価値評価【入

門編】』である。

　現在、日本でコーポレート・ファイナンス理論を学ぶ際の標準教科書は、『コーポレート・ファイナンス 上・下』（日経BP社）や『コーポレートファイナンスの原理』（きんざい）だが、どちらの本も1,000を超す膨大なページ数があり、初学者のビジネス・パーソンが手に取るには敷居が高い。また、コーポレート・ファイナンス理論の応用分野である企業価値評価（バリュエーション）の実務を学ぶうえでは、本書でも基本書として参照している『企業価値評価［上］［下］』（ダイヤモンド社）が標準教科書となっているが、こちらも上・下巻合計で1,000ページを超えるボリュームである。

　筆者自身も、『企業価値評価【実践編】』（ダイヤモンド社）を2004年に刊行した。同書では、上場企業3社を事例に詳細な企業価値評価の実務手順を記しており、ありがたいことに、現在まで何度も版を重ねている。ただし同書が対象とするのは、すでに基本的なコーポレート・ファイナンス理論を理解している人（企業価値評価実務を実践している、あるいは近々実践する必要がある人）であるので、実務で要求される細かな論点まで網羅することを心がけた。

　本書は、企業価値評価の実務を初めて学ぶ方を念頭に置き、そのために理解しておくべきコーポレート・ファイナンス理論（第1部）と、企業価値評価の実務の流れ（第2部）を1冊に集約した。企業価値評価を切口に、読者が理論と実務手順の両方の「そこそこの」知識を得られることを目標としているので、極めて専門性が高い部分はあえてカバーしていない。一方、企業価値はなぜキャッシュフローの割引きによって求められるのかなど、既存の教科書では当然として扱われている事柄についても、極力理屈づけを試みている。

　第1部の理論編では、企業価値がキャッシュフローの現在価値の総和で求められること、現在価値の計算には資本コスト＝割引率の算定が必要であること、資本コストはリスクとの関係でハイリスク・ハイリターンの原則から推定されること、リスクには固有リスクと市場リスクがあり、固有リスクは分散投資によって無視できる水準まで低減できること、市場リスクは資本資産価格モデル（CAPM）によって資本コストが導けることを説明する。さらに、資本政策と資本コストの

関係を考えるために、完全資本市場を前提としたMM命題と、完全資本市場の前提を緩和した結果から負債比率（財務レバレッジ）と株主資本コストの関係を導き、税引後加重平均資本コスト（WACC）についても解説する。そして、企業価値評価の中でもっとも頻繁に用いられるエンタプライズDCF法の理論について、そこで割引対象となるフリー・キャッシュフローとはどのようなキャッシュフローか、WACCで割り引くことでいかなる価値が求められるのかを示す。

また、第1部（全9章）の第8章までの各章末には復習問題を設けた。ファイナンス理論を理解するためには、漫然と解説を読むだけでは不十分である。みずからの手を動かして計算することで初めて理論が自分のものになる、と筆者は考えている。読者の皆様にはぜひ、本書の復習問題を通じて、理解を確実にすることをお勧めしたい。

第2部の実務編では、東京証券取引所第1部上場のモスフードサービスを事例に、企業価値評価、特にエンタプライズDCF法の実務に関する詳細な手順を解説する。そこでは、評価対象企業のフリー・キャッシュフローを予測し、企業価値を求めるステップとして、4つのステージを追いながら説明していく。4つのステージとは、(1) 過去の業績分析、(2) 将来の業績とフリー・キャッシュフローの予測、(3) 資本コストの推定、(4) 継続価値と企業価値の算定、である。また最終章では、エンタプライズDCF法と併用されることの多い、マルチプル（倍率）法の実務にも触れている。

本書を通じて、初学者はもちろんのこと、既存の教科書でコーポレート・ファイナンス理論や企業価値評価を学習した経験のある実務家にとっても、何らかの新しい発見を提示できることを願っている。

本書の目的は、企業価値の算定を理解するうえで必要な理論と実務の手順を紹介することにある。実在する上場企業のモスフードサービスを事例に用いているが、当該企業の事業戦略や財務戦略の是非・巧拙を議論することが主題ではない。また、いかなる企業価値評価の教科書にも書かれているように、エンタプライズDCF法で算定した価値と、市場で実際に取引される価格とが厳密に一致する保証はない。したがって、読者が本書に基づいて株式の取引等を行ったとしても、その結果を何ら保証するものではない点について、ご留意いただきたい。

CONTENTS

企業価値評価　　目次

まえがき ……………………………………………………………………………………… 001

第1部　コーポレート・ファイナンス理論

第1章　企業価値と現在価値の関係　　013

1-1　企業や資産の価値とキャッシュフローの価値 ………………………………… 014
1-2　キャッシュフローの現在価値 …………………………………………………… 016
復習問題 …………………………………………………………………………………… 024

第2章　現在価値と割引率の関係　　025

2-1　割引率＝資本の機会費用 ………………………………………………………… 026
2-2　資本の機会費用の決定要因：リスクとリターン（期待収益率）の関係 …… 028
2-3　リスクと現在価値の関係 ………………………………………………………… 031
復習問題 …………………………………………………………………………………… 033

第3章　ファイナンス理論におけるリスク　　035

3-1　ファイナンスにおけるリスクとは何か ………………………………………… 036
3-2　3つの手順でリスク（分散）を数値化する …………………………………… 038
3-3　リスク指標としての分散と標準偏差の関係 …………………………………… 042
復習問題 …………………………………………………………………………………… 043

第 4 章 ポートフォリオのリスクとリスク分散の限界 　　045

4-1　複数資産への投資によるポートフォリオとリスク低減効果　046
4-2　ポートフォリオのリスク低減の仕組みとリスクの計算式　049
復習問題　057

第 5 章 効率的フロンティアとリスクフリー資産を加えたポートフォリオ、資本資産価格モデル（CAPM）　059

5-1　ポートフォリオ分散投資と期待収益率の関係　060
　5-1-1　投資対象資産が2つの場合　060
　5-1-2　3つ以上の資産を組み合わせる場合　063
　5-1-3　ポートフォリオの最適化と効率的フロンティア　065
　5-1-4　投資家はポートフォリオをどう選択すべきか　067
5-2　リスクフリー資産と効率的フロンティア　068
5-3　リスクフリー資産と資本資産価格モデル（CAPM）　072
復習問題　077

第 6 章 資本政策と資本コスト①　完全資本市場での理論　079

6-1　MM命題と完全資本市場―資本政策を考えるうえでの出発点―　080
6-2　MMの第1命題：企業の資本構成と企業全体の価値の関係　082
6-3　MMの第2命題：借入れと株主の期待収益率の関係　085
6-4　企業の資本構成と企業の平均的な資本コスト（WACC）　089
復習問題　093

第 7 章　資本政策と資本コスト②
完全資本市場の前提の緩和　　　095

- 7-1　法人税の存在と負債金利の節税効果の影響 …… 096
- 7-2　負債の活用と財務的困難のコスト …… 102
  - 7-2-1　財務的困難のコスト①：倒産コスト …… 102
  - 7-2-2　財務的困難のコスト②：倒産が視野に入ることによる経営の変質のコスト …… 105
- 7-3　負債活用のメリットとコストのバランス：トレードオフ理論と最適資本構成 …… 107
- 復習問題 …… 111

第 8 章　負債の存在と株主資本の期待収益率、ベータ、加重平均資本コスト（WACC）の関係　　　113

- 8-1　借入れの有無による企業の貸借対照表の構成と株主資本の期待収益率の比較 …… 114
- 8-2　税引後加重平均資本コスト（WACC） …… 118
- 8-3　税引後加重平均資本コストと CAPM のベータとの関係 …… 121
- 復習問題 …… 124

第 9 章　エンタプライズ DCF 法の理論的背景　　　127

- 9-1　フリー・キャッシュフローとは何か …… 128
- 9-2　エンタプライズ DCF 法の特徴 …… 130
- 9-3　エンタプライズ DCF 法の手順の概略 …… 133

復習問題解答 …… 137

第 2 部　企業価値評価・実務編

第 10 章　エンタプライズ DCF 法の実務
[STAGE 1] 過去の業績分析　153

- STEP 1　財務諸表の再構成と投下資産の計算　158
  - SUB-STEP 1　過去の財務諸表の収集　159
  - SUB-STEP 2　要約損益計算書・要約貸借対照表の作成　159
  - SUB-STEP 3　投下資産の計算　171
- STEP 2　NOPLAT の計算　175
- STEP 3　フリー・キャッシュフローの計算　181
- STEP 4　ROIC の要素分解と過去業績の詳細な分析・評価　184
- 補論　189

第 11 章　エンタプライズ DCF 法の実務
[STAGE 2] 将来の業績とフリー・キャッシュフローの予測　193

- STEP 1　将来予測の期間と詳細の検討　195
- STEP 2　戦略的見通しの立案　197
- STEP 3　戦略的見通しの業績予測への転換　199
  - SUB-STEP 1　売上予測　203
  - SUB-STEP 2　予測損益計算書の作成　204
  - SUB-STEP 3　NOPLAT の予測　207
  - SUB-STEP 4　予測貸借対照表の作成　207
  - SUB-STEP 5　予測投下資産残高の計算　210
- STEP 4　予測フリー・キャッシュフローの算定　211
- STEP 5　複数業績予測シナリオの作成（適宜）と
  戦略的見通しとの一貫性・整合性のチェック　212

第12章 エンタプライズDCF法の実務
[STAGE 3] 資本コストの推定 ... 215

- STEP 1 資本構成の推定 ... 217
- STEP 2 有利子負債の資本コストの推定 ... 219
- STEP 3 普通株式の株主資本コストの推定 ... 222
  - SUB-STEP 1 リスクフリー金利の推定 ... 223
  - SUB-STEP 2 市場リスクプレミアムの推定 ... 225
  - SUB-STEP 3 ベータの推定 ... 227
  - SUB-STEP 4 普通株式の株主資本コストの算定 ... 232
- STEP 4 WACC（加重平均資本コスト）の計算 ... 233

第13章 エンタプライズDCF法の実務
[STAGE 4] 継続価値と企業価値の算定 ... 237

- STEP 1 継続価値算定の公式の選択 ... 239
- STEP 2 継続価値の公式における変数（パラメータ）の設定と継続価値の算定 ... 243
- STEP 3 事業価値の算定 ... 245
- STEP 4 企業価値、および株主資本価値の算定 ... 246

第14章 マルチプル（倍率）法の実務
エンタプライズDCF法との併用 ... 251

- 14-1 マルチプル法の特徴と計算方法 ... 252
- 14-2 マルチプル法計算の実例 ... 255
- 14-3 マルチプル法利用上の留意点 ... 258
- 14-4 マルチプル法とエンタプライズDCF法の関係 ... 263

あとがき ... 265
謝辞 ... 267
参考文献 ... 268

第 1 部

コーポレート・ファイナンス理論

第 1 章

企業価値と現在価値の関係

第1部では、企業価値評価の裏付けとなるコーポレート・ファイナンス理論について、実際の企業価値評価を行ううえで必要となる部分を中心に解説していく。

　企業価値評価に関係するコーポレート・ファイナンス理論として、まずキャッシュフローとその現在価値という考え方を学ぶ必要がある。キャッシュフローとその現在価値の計算は、コーポレート・ファイナンス理論の中でも最初に理解しなければならないものであり、企業や資産の価値を考える際の基本となる。

　以下では、なぜ企業価値評価において、キャッシュフローの現在価値に基づいて考えるべきなのかを説明したうえで、実際にキャッシュフローの現在価値がどのように計算されるかを説明する。

1-1　企業や資産の価値とキャッシュフローの価値

　企業や資産の価値について、コーポレート・ファイナンス理論はどのように考えているのだろうか。

　結論を先に言えば、コーポレート・ファイナンス理論では、「企業や資産の理論的価値は、その企業や資産が将来生み出すと予想されるキャッシュフローの現在価値の合計（総和）として計算される」と考える。キャッシュフローとは、一定期間に入ってくる現金や、出ていく現金の流れのことである。キャッシュフローの現在価値については、1-2で詳細に説明するが、ここでは、いまの時点での現金の価値と考えておけばよいだろう。

　それでは、なぜ、企業や資産の理論的価値をキャッシュフローの現在価値の合計（総和）として計算するのだろうか。それは、こうして計算された理論的価値で企業や資産を売買すれば、売手と買手の双方が（理論的には）損をしないからである（会計学では「公正価値：fair value」と呼んでいるが、「公正：fair」という言葉には、双方が損しないという含意があるように思える）。

　たとえば、企業の経営権を譲渡する際の典型的な手続きである、株式の売買について考えてみよう。株式の買手は、現金（株式購入代金）を支払って、

図表1-1 株式の買手のキャッシュフロー

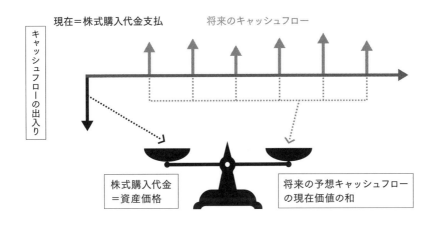

将来その株式から得られる配当や、その株式を売却したときに得られる現金を手に入れる。売手は、その逆に、現金を受け取る代わりに、将来その株式から得られる配当や売却代金を失う。

ここで、いますぐに支払う株式購入代金が、その株式が将来生み出すと予想されるキャッシュフローの現在価値の合計（総和）と等しければ、買手、売手の双方ともに、損も得もしないことを説明しよう。そのために、**図表1-1**に示すような天秤を考える。

天秤の左側には、買手がいますぐ支払う代金（キャッシュフロー）が乗っている。また天秤の右側には、株式を保有していれば得られると期待される配当や売却代金といった、将来のキャッシュフローの価値（厳密には現在価値。詳細は後述）の総和が乗っている。株式の取引価格が、その株式が将来生み出すと予想されるキャッシュフローの（現在）価値の合計（総和）と等しいことは、この天秤の左右が釣り合っていることを示している。すなわち、買手が支払う（売手が受け取る）株式購入代金（＝株式という資産の価格）の重さ（価値）と、買手が獲得する（売手が失う）将来のキャッシュフローの重さ（価値）は等しいので、売手、

買手の双方ともに、損得はない。

以上のように、企業や資産が将来生み出すと予想される、キャッシュフローの（現在）価値の合計を理論的価値として、その理論的価値で株式を売買すれば、買手も売手も損得なく（恨みっこなしで）取引できることがわかる。不特定多数の投資家が、株式を時々刻々売買する資本市場において、買手、もしくは売手だけが一方的に儲かる（相手方は一方的に損する）価格での取引は、継続的には成立しえない。したがって、市場での取引価格は自ずと理論的価値と等しくなると考えられる。

なお、現金の受取や支払の流れをキャッシュフローと呼び、将来受け取ったり支払ったりすることが予想されるキャッシュフローのことを、ファイナンス理論では「予想キャッシュフロー」、もしくは「期待キャッシュフロー」と呼んでいる。この言葉は、今後、頻繁に登場するので覚えておこう。

1-2 キャッシュフローの現在価値

図表1-1をもう一度見てみよう。ここには1つの問題がある。それは、将来受け取るキャッシュフローの重さ（価値）（天秤の右側）と、いますぐ支払う株式売買代金の重さ（価値）（天秤の左側）は単純に比較できるのか、ということである。

ファイナンス理論における格言の1つに、以下がある。

ファイナンスの格言 その1

今日もらえる1円の価値は、明日もらえる1円の価値よりも高い。

これは、今日1円受け取って、たとえば預金するなどの投資をすれば、明日には1円よりも増やすことが可能だということを意味する。言い換えれば、「将来もらえる1円の価値は、今日もらえる1円の価値より低い」ことになる。

したがって、天秤の左側と右側の重さ（価値）は、単純なキャッシュフローの金額では比較できず、右側の将来の予想キャッシュフローが、今日の時点でもらえる現金のいくらに相当するかを計算する必要がある。この計算結果を、将来発生する予想キャッシュフローの「現在価値」と呼ぶ。以下では、具体的に将来のキャッシュフロー（現金）の現在価値はどのようにして計算されるのかを説明する。

いますぐに、ある金額（以下では10,000円とする）を受け取って、これを預金で1年間運用すると考えよう。資産（たとえば1年もの定期預金）を10,000円保有していて、1年間の金利（預金や貸金）は、年率1％だとする（単純化のため、預金も貸金も同じ金利とし、利息にかかる税の問題は考えない）。このとき、いま受け取ったお金を1年ものの定期預金で運用すれば、この10,000円からは、1年後には利息を100円（＝10,000円×1％）受け取れるので、元本と利息の合計で10,100円に増える。

それでは、いますぐお金を受け取れずに、ちょうど1年後に10,100円を受け取ることができるとしたら、どうだろうか。いますぐ受け取れる10,000円と比較して、どちらにメリットがあるだろうか。

結論から言うと、両者の間に価値の違いはない。どうしても1年後の10,100円の受取まで待てず、いますぐお金を使わなければならない人は、1％の金利で10,000円、1年間の借金をして、いますぐ10,000円を使えばよい。1年後には利息も含めて、10,100円（元本10,000円＋利息100円の合計）を返済する必要があるが、その返済には、1年後に受け取る10,100円を充当すればよい。

このように、いますぐもらえる10,000円のキャッシュフローと、1年後に受け取る10,100円のキャッシュフローの価値は等しい。言い換えると、1年後に受け取る10,000円のキャッシュフローは、いますぐ受け取る10,000円のキャッシュフローより価値が少ないともいえる。

同じ10,000円のキャッシュフローでも、受け取る時期次第で価値が変わるので、将来受け取るキャッシュフローについては、単純にその金額だけで価値を比

較することができない。そこで、将来受け取るキャッシュフローを、現時点で受け取るキャッシュフローであればいくらに相当するかを換算して、価値を比較したり合算したりできるようにするための仕組みが、現在価値である。

　先ほどの1年後に受け取る10,100円のキャッシュフローの事例では、（金利が1％であれば）いますぐ受け取る10,000円と価値が等しいことを説明した。このことを踏まえて、「1年後に受け取る10,100円のキャッシュフローの現在価値は10,000円である」という言い方をする。

　現在価値の詳しい計算方法はのちほど説明するが、1年後だけでなく、2年後や10年後、はたまた100年後に受け取る予定のキャッシュフローについても、現在価値は計算できる。そして、現在価値ベースで考えれば、いますぐ受け取るキャッシュフローと、2年後に受け取るキャッシュフロー、10年後に受け取るキャッシュフローの価値を比較する（天秤に乗せて重さを比べる）ことが容易になる。現在価値がもっとも大きいキャッシュフローこそ、もっとも価値が大きい（重い）のである。

　それでは、現在価値の計算方法を説明しよう。なお、キャッシュフローについては受け取る場合も支払う場合もあるので、これ以降は「発生する」という表現を用いる。キャッシュフローを受け取る場合は「プラスのキャッシュフローが発生する」、支払う場合には「マイナスのキャッシュフローが発生する」と呼ぶことが多い。

　前述の例では、10,100円のプラスのキャッシュフローが発生するケースを考えたが、一般的に1年後に発生するキャッシュフローは「CF_1」もしくは「C_1」と書くことが多い。同じように、2年後、3年後、…、n年後に発生するキャッシュフローは、CF_2（またはC_2）、CF_3（C_3）、…、CF_n（C_n）と書く。また、前の例では1％とされていた金利（一般的には、割引率、期待収益率、資本コストなどと複数の名前で呼ばれるが、詳細は後述）は、一般的に式で書く場合には「r」と表記することが多い（前の例では、$r＝1％$である）。さらに、n年後に発生するキャッシュフローの現在価値は、「PV」（現在価値の英文 "present value" の頭文字）を用いて示すことが多い。

それでは実際に、1年後に発生するキャッシュフローの現在価値を計算するための一般的な式を示そう。それは以下のように表記される。

$$PV = \frac{CF_1}{1+r} \qquad (式1\text{-}1)$$

前の事例でいえば、$CF_1 = ¥10{,}100$、$r = 1\% = 0.01$なので、現在価値は、

$$PV = \frac{CF_1}{1+r} = \frac{¥10{,}100}{1+0.01} = ¥10{,}000$$

と計算される。

次に、2年後以降に発生するキャッシュフローの計算を、前の例に戻って考えてみよう。いますぐ受け取った10,000円は、金利1％の場合、預金で運用すれば、1年後には10,100円になる。それでは、2年後にはいくらになるだろうか。これを考える際に頻繁に用いられている計算方法は、「1年複利計算」と呼ばれるものである。

1年複利計算とは、1年後に元本と利息を合わせて10,100円になったお金を、さらにもう1年金利1％で預金する（「再投資する」と呼ばれる）という考え方であり、2年後には、元本（10,100円）と利息（101円＝10,100円×1％）の合計で10,201円を受け取ることができる。換言すれば、2年後に発生する10,201円のキャッシュフローの現在価値は、（いますぐ受け取る10,000円を2年間運用した結果が10,201円だから）10,000円である。この10,201円は、元本と利息を合算して計算すると考えると、10,000円×（1＋1％）×（1＋1％）、すなわち、10,000円×$(1+1\%)^2$と書くこともできる。

一般的に、1年複利を前提とした場合のn年後に発生するキャッシュフローの現在価値は、以下の式で計算される。

図表1-2 現在価値、投資収益、将来のキャッシュフローの関係

```
         現在              1年後              2年後
                      ┌──────────────┐    ┌──────────────┐
                      │投資収益(利息)100円│    │投資収益(利息)201円│
   ┌──────────────┐   ├──────────────┤    ├──────────────┤
   │              │   │              │    │              │
   │              │   │              │    │              │
   │  投資元本     │   │  投資元本     │    │  投資元本     │
   │  10,000円    │   │  10,000円    │    │  10,000円    │
   │              │   │              │    │              │
   │              │   │              │    │              │
   └──────────────┘   └──────────────┘    └──────────────┘

   現在の10,000円      1年後の10,100円     2年後の10,201円
   =投資元本10,000円   =投資元本10,000円   =投資元本10,000円
                           +                   +
                       投資収益100円        投資収益201円
```

$$PV = \frac{CF_n}{(1+r)^n} \qquad (式1\text{-}2)$$

先の事例でいうと、$CF_2 = ¥10{,}201$、$r = 1\% = 0.01$なので、現在価値は、

$$PV = \frac{CF_n}{(1+r)^n} = \frac{¥10{,}201}{(1+0.01)^2} = ¥10{,}000$$

と計算される。

以上の事例で示した、将来キャッシュフローとその現在価値の関係を図にまとめたものが、**図表1-2**である。

図表の左端から右端へと、順を追って見てみよう。図表の左端には、現在の10,000円がある。これが投資元本になり、投資収益（利息）を生んで増えて

いく様子が示されている。中央にある1年後の10,100円は、10,000円の投資元本と、投資収益（利息）の100円を加えたものである。右端にある2年後の10,201円は、10,000円の投資元本と、投資収益（利息）の201円を加えたものである。

　ここで見方を変えて、中央や右端から左端へと逆に図をたどってみると、どうなるだろうか。3つの図のいずれにおいても、キャッシュフローを投資元本と投資収益に分解して考えると、投資元本は10,000円で変わらない。たとえば、中央の1年後の10,100円というキャッシュフローについて考えると、これは、10,000円の投資元本と100円の投資収益（利息）の合計である。したがって、10,100円のキャッシュフローから、投資収益（利息）の100円を取り除けば、左端の10,000円という投資元本が得られる。右端の2年後のキャッシュフロー10,201円からも、201円という投資収益（利息）を取り除けば、左端の10,000円という投資元本が得られる。

　このように、現在価値を計算するということは、将来のキャッシュフローに含まれる投資収益（利息）の部分を取り除いて、現時点でいくら投資したものが、その将来キャッシュフローへと成長するのか、すなわち元手（投資元本）はいくら必要なのかを求める作業だともいえる。

　ここまでは、1年後、2年後に1回だけのキャッシュフローが発生する場合の現在価値を考えた。今度は1回だけではなく、将来の複数の時点でキャッシュフローが発生する場合を考えよう。

　たとえば、ある仕事を引き受けて、1年後と2年後に10,000円ずつ2回のキャッシュフローが受け取れる契約をしたとする。金利は、これまで通り1％としよう。この契約から発生するキャッシュフローの現在価値の合計は、いくらと計算されるだろうか。

　すでに説明した通り、1年後に発生するキャッシュフローであろうと、2年後に発生するキャッシュフローであろうと、いったん現在価値に直してしまえば、単純に価値を比較したり、価値を足し合わせたり差し引いたりすることができる。したがって一般的に、1年後から、n年後まで、毎年キャッシュフローが発生する

場合、それらのキャッシュフローの現在価値の合計は、以下のように計算できる。

$$PV = \frac{CF_1}{1+r} + \frac{CF_2}{(1+r)^2} + \cdots + \frac{CF_n}{(1+r)^n}$$

先の事例でいうと、$CF_1 = CF_2 = ¥10,000$、$r = 1\% = 0.01$なので、現在価値の合計は、

$$PV = \frac{CF_1}{1+r} + \frac{CF_2}{(1+r)^2} = \frac{¥10,000}{1+0.01} + \frac{¥10,000}{(1+0.01)^2}$$
$$= ¥9,901 + ¥9,803 = ¥19,704$$

と計算される。

実際に、この19,704円を年率1％で運用して、それが1年後と2年後に、それぞれ10,000円ずつ、2回のキャッシュフローが受け取れることになるかを確認してみよう。まず、いまの時点で、19,704円全額を1年間年率1％で運用すると、1年後には元利合計で19,901円となる（¥19,901 = ¥19,704×(1 + 0.01)）。この19,901円から、1年後のキャッシュフローに相当する10,000円を支払い、残りの9,901円をふたたび2年後まで1年間運用する。2年後には、この9,901円が、元利合計で10,000円となる（¥10,000 = ¥9,901×(1 + 0.01)）ので、これが2年目のキャッシュフローに相当することになる。

本章の最後に、1-1節で説明した**図表1-1**に戻って再確認しておこう。

企業や資産の価値について、コーポレート・ファイナンス理論では、「企業や資産の理論的価値は、その企業や資産が将来生み出すと予想される将来キャッシュフローの現在価値の合計（総和）として計算される」ことを説明した。また1-2節において、将来キャッシュフローは、それが何年後に発生しようと、現在価値に直してしまえば、その価値（重さ）は比較可能になり、また複数の時点

で発生する将来キャッシュフローであってもその現在価値については、単純に加算（合算）できることも説明した。
　このような現在価値の特徴があるからこそ、**図表1-1**の天秤の右側、すなわち、株式を保有していれば得られると期待される予想キャッシュフローの現在価値の合計（右側の重さ）を計算すれば、天秤の左側、すなわち、買手がいますぐ支払う株式売買代金のキャッシュフローの価値（重さ）がいくらであれば、両者が釣り合うかを計算できる。そして、売手と買手の双方ともに、損得がないような売買価格として、株式の理論価値が求められることになるわけである。

復習問題

Q. 1-1

金利（割引率）が年率1％のときに、いまの時点での20,000円は、1年複利で運用した場合に、2年後にいくらになるか。

Q. 1-2

金利（割引率）が年率2％のときに、3年後に発生する30,000円のキャッシュフローの現在価値はいくらか。ただし、現在価値計算は1年複利で計算するものとし、3年間金利水準は一定とする。

Q. 1-3

2年後に発生する20,000円のキャッシュフローの現在価値を求めたら、18,852円となった。金利（割引率）は年率でいくらか。ただし、現在価値計算は1年複利で計算するものとし、2年間の金利水準は一定とする。

Q. 1-4

これから1年後、2年後、3年後の3回、100,000円ずつ支払を受けられる債券がある。いま、金利（割引率）が年率2％で、3年間の金利水準は一定とすると、この債券の価格はいくらと考えられるか。なお、現在価値は、1年複利で計算するものとする（ヒント：天秤の図を思い出して、いますぐ支払う金額＝債券の価格と、将来のキャッシュフローの現在価値の和が釣り合うことを利用する）。

解答は138ページ

第2章

現在価値と割引率の関係

前章では、1年複利を前提とした場合の n 年後に発生するキャッシュフロー（CF_n）の現在価値（PV）は、以下の計算式（式1-2）で求められることを説明した。

$$PV = \frac{CF_n}{(1+r)^n} \qquad （式1-2）$$

そして、この現在価値を求める作業は、将来発生するキャッシュフローの中から、投資に対する収益（リターン）の部分を取り除いて、現時点で投資する投資元本に相当する金額を計算する作業であることも説明した。

本章では、この計算において重要な要素である、割引率（r）について説明する。簡単な例として、前章では預金や借入金の金利をイメージしたが、現在価値の計算は、金利商品に投資した場合のキャッシュフローに限らない。本書のテーマである企業価値の評価においては、借入金から発生するキャッシュフローの現在価値はもちろんのこと、株式から発生するキャッシュフローや、新規の投資プロジェクトから発生するキャッシュフローの現在価値を評価する必要があるかもしれない。

このような場合、現在価値を計算する際の割引率は、預金や貸金と同じ数値を用いればよいのだろうか。

2-1　割引率＝資本の機会費用

これらを議論する前に、そもそも割引率とは何かを考えておこう。

ファイナンスにおいて、「割引率」は多くの別称を持っている。比較的よく使われるものだけを挙げてみても、資本コスト（cost of capital）、資本の機会費用（opportunity cost of capital）、期待収益率もしくは期待リターン（どちらも英語では "expected returns"）、ハードル・レート（hurdle rate）という呼び方

がある。これらは、基本的には同じものを指していると考えてよい。そして、この中でもっとも割引率の本質を示している名称は、「資本の機会費用」である。以下、まず「機会費用」という考え方について説明する。

機会費用とは、いくつかの選択肢から1つを選ぶ場合において、選んだことで選択できなくなる、それ以外の選択肢（失われる機会）から得られるはずであった、もっともよい結果と定義される。これだけではわかりにくいので、実例で説明しよう。

新型のスマートフォンの発売が近づくと、毎回、繁華街の一角にある販売店に、発売初日に手に入れたい人たちの行列ができる。なかには、1週間前から寝袋やテントを持ち込んで陣取り、発売解禁時刻を待っている人もいる。

いま、ある人が1週間待ち続け、その間は携帯端末等で仕事をできないと仮定しよう。この場合、この人が1週間スマートフォンの行列に並ぶことの機会費用は、どのように考えられるだろうか。それは、1週間行列に並ぶ代わりに働いた場合、この人がどれだけの収入を得られるかに依存する。たとえば、1日に8時間働くことができ、時給が2,000円とする（休日も働くと仮定する）と、1週間に失った所得、すなわち行列に並んだことの機会費用は、2,000円×8時間×7日＝112,000円と計算される。

この事例から、機会費用について重要な示唆が2つ得られる。①機会費用は人ごとに異なること、②機会費用は仮定に基づいてしか計算できないこと、である。

①についていえば、1週間でどれだけの収入が得られるかは、その人が仕事をした場合に、どの程度の時給を得られるかで決まる。著名な芸能人であれば、1週間で100万円を稼ぐことも考えられる。一方で、アルバイトを中心に生計を立てている人は、1週間働いても10万円がやっとかもしれない。また、②についていえば、仮に著名な芸能人であっても、1週間実際に働いてみなければ、本当に100万円を得られるかどうかはわからない。実際には、行列に並んで働かないことを選んでしまっているため、事実とは異なる選択肢を採用した（行列に並ばずに働いた）場合の収入は、あくまでも仮定の世界の話にすぎないのである。

2-2 資本の機会費用の決定要因：リスクとリターン（期待収益率）の関係

本節の本題であるリターンとリスクの関係に入る前に、本書を通じて何度も登場する投資の「収益率」について、その一般的な計算方法を確認しておこう。

収益率とは、投資の元手（投資元本）が、どれだけの収益（一般には投資の結果回収した現金、キャッシュフローのうち投資元本を超える部分）を生み出したかを、比率の形で表したものである。式で書くと以下のようになる[注1]。

$$投資の収益率 = \frac{投資の収益}{投資元本} = \frac{(投資の結果得られた現金) - (投資元本)}{投資元本}$$

実際の投資の例で、投資元本と投資の収益を確認しておこう。商品を仕入れて、販売するという行為を投資と考える場合、投資元本は、仕入のために支払った金額、投資の収益は、販売金額から仕入に支払った現金を差し引いたものである[注2]。定期預金を投資と考える場合、投資元本は預金の元本、投資の収益は利息である。株式を購入して一定期間後に売却するという投資の場合には、投資元本は株式の購入価格、投資の収益は、株式の売却価格と購入価格の差（売却益やキャピタルゲインともいう）に、株を保有している間に得られた配当を加えたものになる。

$$株式投資の収益率 = \frac{株式投資の収益}{投資元本}$$

$$= \frac{(株式売却価格) - (株式購入価格) + (売却までに受け取った配当)}{株式購入価格}$$

[注1] この式は、投資の実行と回収が、どちらも1時点ずつに行われる場合の計算式である。複数の時点にまたがって投資の実行や回収が行われる場合の計算は、より複雑になる。

[注2] 販売に必要な費用があれば、収益の計算においては、その金額も差し引く必要がある。

たとえば、いま1株1,000円で購入して、1年後に1,100円で売却すると同時に、1株50円の配当を受け取った場合について、株式投資の収益率を計算すると、以下のようになる[注3]。

$$投資の収益率 = \frac{¥1,100 - ¥1,000 + ¥50}{¥1,000} = 15\%$$

さて、資本の機会費用に話を戻そう。

機会費用の定義については説明したが、資本に関する機会費用とは、どのようなものだろうか。重要なのは、資本はいったん何かの案件に投資されてしまうと、他の投資をすることはできなくなり、他の投資からの収益機会が失われるということである。ある投資によって失われる、他の（最良の）投資からの収益こそが、資本の機会費用である。

それでは、資本の機会費用はどのように求められるのだろうか。一般論としては、類似の投資をしたときに、どの程度の収益率を上げられるか（どの程度の収益率が期待されるか）を推定する必要がある。

投資家は、金融市場において、債券や株式といった数多くの投資機会に直面している。たとえば、自己の資金をある特定の企業の株式に投資する際には、常に他の株式等における投資機会の収益率を意識する。逆に言えば、資金の需要者である企業側も、投資家から投資先に選んでもらうためには、投資家が見ている類似の投資機会を意識し、その投資機会の期待収益率よりも高い、少なくとも同水準の期待収益率を稼ぐ必要がある（そうでなければ、その企業は資金調達が困難になってしまうだろう）。これが、資本の機会費用と、期待収益率が同じものとされる所以（ゆえん）である。

図表2-1では、投資家から見た、企業とそれ以外の投資機会との関係を示した。図表を見れば、企業が投資家から選んでもらうために、最低限、他の

[注3] ここでは、税の影響は考慮していない。

図表2-1　企業とそれ以外との投資機会との関係

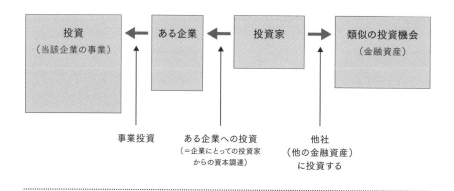

類似の投資機会と同等以上の期待収益率を彼らに提供しなければならないことが理解できるだろう。

　投資家にとって、「類似の投資機会」とはどのようなものだろうか。投資の期待収益率を決める際に、投資家がリスクと期待収益率(すなわち、リターン)の関係を基にしていると考えるのが、ファイナンス理論である。ここでは、リスクとリターンに関する、ファイナンスの第2の格言が登場する。

ファイナンスの格言　その2

　リスクの低い投資は期待収益率が低く、リスクが高い投資は期待収益率が高い。(ローリスク・ローリターン、ハイリスク・ハイリターンの原則)

　この格言は、ファイナンス分野にそれほど馴染みがない人でも、聞いたことがあるかもしれない。リスクの高い投資とリスクの低い投資を比べて、両者から同じ収益が期待されるのであれば、わざわざリスクの高い投資を選ぶ人はいないであろうことは一目瞭然である。したがって、よりリスクの高い投資をする投資家は、当然、よりリスクの低い投資よりも高い収益を期待しているはずである。

この原則の下では、類似の投資とは、あくまでもリスクが同程度の投資と考えることになる（この「リスク」をどのように定義するかは、次節2-3のテーマである）。したがって、**図表2-1**の右側に描いた、比較対象となる類似の投資機会とは、「同程度のリスクを持った投資」ということになる。金融市場における他の同程度のリスクを持った投資機会が、どの程度の収益率（リターン）を上げることが期待されているかがわかれば、それが資本コスト、割引率となり、前章で説明した企業のキャッシュフローの現在価値や、資産の理論価値が計算されることになる。

2-3　リスクと現在価値の関係

　本章の最後に、リスクが資本コスト（割引率）を通じて、企業が生み出すキャッシュフローの現在価値にどのような影響を与えるかを確認しておこう。

　前章の1-2に示した、1年後と2年後に10,000円ずつ2回のキャッシュフローを受け取れる契約から得られる、キャッシュフローの現在価値について、何らかの理由で当初の予想よりもリスクが高く、同程度のリスクを持った投資機会は2％の期待収益率を得られることが判明したとしよう。この場合、資本の機会費用、すなわち資本コストは2％となるので、割引率もこの2％を用いることになる。

　$CF_1 = CF_2 = ¥10,000$、1-2節における1％の割引率（$r = 1\% = 0.01$）の下での現在価値の合計は、

$$旧PV = \frac{CF_1}{1+r} + \frac{CF_2}{(1+r)^2} = \frac{¥10,000}{1+0.01} + \frac{¥10,000}{(1+0.01)^2}$$
$$= ¥9,901 + ¥9,803 = ¥19,704$$

であった。これが $r = 2\% = 0.02$ となることで、以下のように、現在価値は

19,704円から19,416円へと低下する。

$$\text{新 PV} = \frac{CF_1}{1+r} + \frac{CF_2}{(1+r)^2} = \frac{¥10,000}{1+0.02} + \frac{¥10,000}{(1+0.02)^2}$$
$$= ¥9,804 + ¥9,612 = ¥19,416$$

すなわち、リスクの高いプロジェクトの場合、割引率が高くなり、結果として現在価値は低下する。仮に、1％のときと同じ現在価値が得られるように契約条件を再交渉するのであれば、以下の計算式、

$$\frac{¥10,149}{1+0.02} + \frac{¥10,149}{(1+0.02)^2} = ¥19,705$$

が成立するように、毎年10,149円受け取れるように条件改定しなければならない（ただし、小数点以下四捨五入の関係上、値には誤差が生じている）。

以上の通り、同じ金額の将来キャッシュフローであっても、リスクが低い場合と高い場合では、リスクの高いキャッシュフローのほうが現在価値は小さくなる。そして、リスクの違い（資本コストの違い）による現在価値の差は、より遠い将来に発生するキャッシュフローのほうが大きくなる。上記の例でいえば、2年後に発生するキャッシュフローの現在価値の低下幅（¥191 ＝ ¥9,803 － ¥9,612）のほうが、1年後に発生するキャッシュフローの現在価値の低下幅（¥97 ＝ ¥9,901 － ¥9,804）よりも大きいのである。

復習問題

Q. 2-1

いま、株式を1株500円で購入し、1年後に520円で売却するとしよう。また、1年後には1株10円の配当が受け取れるとする。この場合、1年間の株式投資収益率はいくらと計算されるだろうか。

Q. 2-2

1年後に20,000円、2年後に40,000円のキャッシュフローが期待されている投資プロジェクトがある。一方で、このプロジェクトとまったく同じリスクを持った証券が市場で取引されていて、この証券を保有すれば、1年後に1,000円、2年後に2,000円のキャッシュフローが発生すると期待されている。いま、この証券の市場価格が2,856円だとすると、この投資プロジェクトの割引率はいくらになるだろうか。また、この投資プロジェクトの価値(現在価値)はいくらだろうか。

解答は139ページ

第3章

ファイナンス理論におけるリスク

前章では、割引率とは資本の機会費用であり、その機会費用とは、「同程度のリスクを持った他の投資」から得られる期待収益率（期待リターン）であることを説明した。

それでは、他の投資が同程度のリスクを持っているかどうかは、どのようにして計測されるのだろうか。そもそも、リスクが高い、リスクが低いといったことを、どのように客観的に数値化できるのだろうか。

本章では、リスクについて、ファイナンス理論がどのように考え、数値化しているかについて説明する。

3-1 ファイナンスにおけるリスクとは何か

ファイナンス理論において、リスクがあるということは、将来発生する投資収益率（リターン）が確実ではない、不確実性があることを意味する点に注意しよう。一般的に「リスク」というと、悪いことの発生を示しているようなイメージがあるが、ファイナンスにおいては、期待（平均的な結果）以上によい収益率が得られることも、悪い収益率が得られることも、同じようにリスクと呼んでいる（予想より収益率が上ぶれる場合をアップサイド・リスク、下ぶれる場合をダウンサイド・リスクと呼んで区別することがある）。

それでは、この収益率の不確実性としてのリスクについて、次のような2つの事例で実際に考えてみよう。いま投資家にとって、資産1、2、3という、3つの1年限りの投資資産の選択肢があるとしよう。これら投資資産は、1年後の景気次第で投資の収益率が変わる。なお、話を単純化するため、1年後の景気には、好景気か不況の2つのパターンしかなく、同じ確率（50％ずつ）でどちらかが起こるとする。

それぞれの投資資産の好景気時、不況時の収益率を示したのが、**図表3-1**である。

資産1は、好景気でも不況でも1％の収益率が得られる。この投資には、投

図表3-1　3つの投資資産の収益率（年率）

	好景気	不況
資産1	1%	1%
資産2	3%	0%
資産3	5%	−1%

資の収益に不確実性がない。すなわち、ファイナンス理論では、この投資はリスクのない（リスクフリー［risk-free］の）投資とされる。

　資産2と3はどうだろうか。これら2つの投資資産では、1年後の景気次第で投資の収益率に差が生じる。すなわち、投資の収益に不確実性がある。したがって、ファイナンス理論では、これらの投資はリスクのある投資だと考える。

　それでは、資産2と資産3では、どちらのリスクが大きいだろうか。ファイナンスにおける投資のリスクの大きさとは、不確実性の幅の大きさである。この「不確実性の幅」をどのように計算するかについては、後でより正確に定義するが、図表3-1の事例では、明らかに資産3の「不確実性の幅」（好景気と不況の収益率の差である6%）のほうが、資産2（収益率の差3%）よりも大きい。すなわち、資産3のリスクは、資産2のリスクよりも大きい、ということになる。

　図表3-1のケースでは、1年後の投資収益率が、好景気と不況の各ケースについてあらかじめわかっていた。しかしながら、現実にはこのようなケースはまれである。ある株式に投資した場合の1年後の収益率が、好景気時、不況時についてわかっていることは通常ありえないし、景気はそもそも、好景気か不況かという2つで単純に分類されるわけではない。

　そこで、現実の投資のリスクを判断する際には、過去にその投資、もしくは類似の投資がどのような収益率を達成し、その収益率が実際にどの程度変動したかを計算することで、リスクを推定する方法が用いられることが多い。

　これは、硬貨を投げる場合において、その硬貨に表（もしくは裏）が出やすく

するような歪みがあるのではないかと疑っているが、その硬貨の歪みを直接測定できない場合、実際に、その硬貨を投げてみて表と裏の出る回数を調べてみる、ということと同じである。たとえば、硬貨を100回投げて、表か裏かのいずれかの出る回数が、（歪みがない場合に予想される）50回を大きく超える、もしくは下回る、ということが起こった場合には、投げた硬貨に歪みがあるのではないか、と推測することができる。

統計学では、このような硬貨を実際に投げてみる作業を標本抽出（サンプリング）と呼ぶ。実態を直接調べる（前述の例では、硬貨を精密機械で測定し、歪みがないかを確認する）ことができない場合、それを類推するうえで有効な方法である。投資の収益率についていえば、ある投資の将来の期待収益率やリスクの実態（前述の例では硬貨の歪み）を図表3-1のように知ることは通常できないため、類似の投資が過去どのような結果を生み出したか（実際にどの程度の数、表が出たか）が標本抽出の結果として得られた数値と考えて、その投資の期待収益率やリスクを推定するという考えである。

以下、事例を用いて、リスクの推定がどのように行われるのかを説明しよう。

3-2 3つの手順でリスク（分散）を数値化する

図表3-2のように、いま、資産4、5、6という3つの証券への投資について、過去の月次収益率（1ヶ月間投資した場合の収益率。収益率の計算方法は前章2-2を参照）のデータが、前年の12ヶ月分与えられているとする。

これらの投資のリスクを、どのように数値化すればよいだろうか。

資産4は、リスクのない投資（リスクフリーの投資）であることが推測される。毎月の収益率が、データの期間中一貫して1％で変動していないからである[注1]。この投資が、今年も昨年1年間の実績と同じ数値で推移すると考えれば、リスクフリーな資産4の収益率は月次で1％と予想される。一方、資産5、6は毎月の収益率が変動しており、リスクのある投資だと考えられる。

図表3-2　3つの投資資産の前年の月次収益率

	資産4	資産5	資産6
前年 1月	1%	2%	−1%
前年 2月	1%	5%	11%
前年 3月	1%	−2%	2%
前年 4月	1%	0%	−3%
前年 5月	1%	3%	9%
前年 6月	1%	5%	5%
前年 7月	1%	0%	12%
前年 8月	1%	4%	3%
前年 9月	1%	10%	−8%
前年 10月	1%	−5%	10%
前年 11月	1%	−4%	−5%
前年 12月	1%	6%	1%
12ヶ月平均	1.0%	2.0%	3.0%

　それでは、資産5と6、どちらの投資のリスクが大きいのだろうか。収益率のリスクについて考える際には、その収益率が平均を中心に、どの程度上下にぶれるかを数値化するのが、リスクに対するファイナンスの第1の指標である（リスクに対する2つ目の指標は、第5章で紹介するベータである）。

　図表3-3は、資産4～6を事例に、ファイナンスにおけるリスクの計算がどのように行われるかを示したものである。

　まず、資産5について、各月の収益率が12ヶ月の平均とどの程度差があった

[注1] もちろん、この12ヶ月間の収益率が変動しなかっただけで、他の期間には変動していた可能性はある。標本抽出によって実態（統計学では「母数」と呼ぶ）を推定する場合には、ある一定の確率で推定が誤っている可能性がある。また、標本の数としては一般に、最低でも30個（このケースでは30ヶ月）のデータがあることが理想とされている。ここでは説明を単純化するために、12個（12ヶ月）の標本数で説明している。

図表3-3 3つの投資資産のリスク（分散と標準偏差）の計算

手順1　手順2

	資産4	収益率12ヶ月平均との差	差の2乗	資産5	収益率12ヶ月平均との差	差の2乗	資産6	収益率12ヶ月平均との差	差の2乗
前年 1 月	1%	0%	0.0000	2%	0%	0.0000	−1%	−4%	0.0016
前年 2 月	1%	0%	0.0000	5%	3%	0.0009	11%	8%	0.0064
前年 3 月	1%	0%	0.0000	−2%	−4%	0.0016	2%	−1%	0.0001
前年 4 月	1%	0%	0.0000	0%	−2%	0.0004	−3%	−6%	0.0036
前年 5 月	1%	0%	0.0000	3%	1%	0.0001	9%	6%	0.0036
前年 6 月	1%	0%	0.0000	5%	3%	0.0009	5%	2%	0.0004
前年 7 月	1%	0%	0.0000	0%	−2%	0.0004	12%	9%	0.0081
前年 8 月	1%	0%	0.0000	4%	2%	0.0004	3%	0%	0.0000
前年 9 月	1%	0%	0.0000	10%	8%	0.0064	−8%	−11%	0.0121
前年10月	1%	0%	0.0000	−5%	−7%	0.0049	10%	7%	0.0049
前年11月	1%	0%	0.0000	−4%	−6%	0.0036	−5%	−8%	0.0064
前年12月	1%	0%	0.0000	6%	4%	0.0016	1%	−2%	0.0004
12ヶ月平均	1.0%	差の2乗の平均＝分散	0.0000	2.0%	差の2乗の平均＝分散	0.00193	3.0%	差の2乗の平均＝分散	0.00433
		標準偏差	0.00%		標準偏差	4.39%		標準偏差	6.58%

手順3

かを計算する（手順1）。資産4と資産6についても、同様に計算する（当然だが、リスクフリーの資産4については、すべての月で差はゼロとなる）。

　ざっと見ただけで、資産6の平均との差の変動は、資産5の差の変動よりも大きい。資産6における12ヶ月平均との差は、上限9％、下限−11％なのに対して、資産5は、上限8％、下限−7％である。しかし、他の月においては、どちらの投資でも平均との差が小さいこともあり、これだけでどちらが大きいかを判別するのは感覚的なものでしかない。賢明な読者であれば、変動する毎月の「平均との差」を何らかの形で、12ヶ月分の標準的な（平均的な）数値にできればよいのではないかと考えるだろう[注2]。

　ただし、単純に12ヶ月「平均との差」を加算してしまうと、プラスとマイナス

が打ち消し合って必ずゼロになってしまうため工夫が必要である。具体的には、統計学に基づき、計算した平均の差を2乗するという手法を用いる（手順2。パーセントではなく小数点で表記されている点に注意）。2乗することで、平均の差がマイナスの月についても、その結果の値はプラスになる。また、平均との差の幅（絶対値）が大きいほど、差の2乗も大きくなるため、平均から大きく異なる収益率をもたらした月には、差の2乗の数値も大きくなる（例：資産6の前年9月は、平均との差は－11％なので、それを2乗すると0.0121［＝（－0.11）×（－0.11）］）。

　12ヶ月分の差の2乗が計算できれば、その平均を計算すると、資産5と資産6のどちらのリスクが大きかったか、すなわち、毎月の収益率の平均からの乖離が、より大きく変動したかを数値化できる。ここで、12ヶ月分の差の2乗を合計した後に11（＝12－1）で割ったものを、統計学では「分散」（variance）と呼び、これが12ヶ月分の差の2乗を平均したものに相当する（手順3）。

　なお、収益率の差の2乗の平均値を計算するのに、データの個数である12ではなく、1小さい11で割る理由については、本書は統計学の専門書ではないため説明を控えたい。ここでは「実際のデータの個数よりも、1小さい数で割るのがルール」と、頭の片隅に入れておけば十分である。表計算ソフト（Microsoft Excel）の分散を表示する関数（VAR関数）を使えば、ここまで述べたような計算プロセスを経ることなく、即時に実際のデータの個数よりも1小さい数で割った値（たとえば、資産5では、0.00193）が表示される。そのため、実務上は、このルールを意識する場面は少ないだろう。

　こうして分散を計算すれば、その数値の大きいほうが、リスクの高い投資と考えられる。資産5と資産6についていえば、資産6の分散（0.00433）のほうが、資産5の分散（0.00193）よりも大きく、資産6のリスクのほうが大きいと客観的に判断できる。

［注2］「平均との差」の平均となりややこしいが、要は毎月の収益率について、ならしてみたときに、どの程度「平均との差」があるかを知りたいわけである。

3-3 リスク指標としての分散と標準偏差の関係

　ここまででリスクを数値化する作業の説明はほぼ終えたが、最後にもう1つだけ、ファイナンスにおいては、「分散」よりもその平方根をとった「標準偏差」という統計概念がリスク指標として使われることが多いことを説明しておく。

　図表3-3の場合、資産5の標準偏差は、$\sqrt{0.00193} = 0.0439 = 4.39\%$となり、資産6の標準偏差は、$\sqrt{0.00433} = 0.0658 = 6.58\%$となるため、資産6のリスクのほうが高いという結論は変わらない。前述の分散の場合と同様に、表計算ソフトでは、収益率が入力されているセルの範囲（資産5では、先頭2%、末尾6%の実績収益率の記載されている範囲）を指定して「STDEV関数」を用いると、標準偏差が即時に計算・表示される。

　なお、リスクフリーの資産4、リスクはあるが比較的小さい資産5、リスクが大きい資産6の12ヶ月平均の投資収益率は、それぞれ1%、2%、3%となり[注3]、この事例では、ローリスク・ローリターン、ハイリスク・ハイリターンの原則が成立していることもわかる[注4]。

　次章以降では、資金を複数のリスク資産に投資する（投資のポートフォリオを構築する）場合には、リスク分散という現象により、資金全体のリスクが低減されることを説明する。そのうえで、リスク分散効果が存在する場合において、ローリスク・ローリターン、ハイリスク・ハイリターンの原則がどのように修正され、リスクと期待リターンの関係が示されるのかについて考察する（これを数式で示したモデルが、第5章で説明する資本資産価格モデル〔CAPM〕である）。

[注3] この関係は必ずしも、過去のデータにおいて常に成立するわけではない。ハイリスクの投資のほうが、実績としての投資収益率が低くなってしまうことは頻繁に起こりうる。

[注4] この12ヶ月の実績収益率が、今後のこれらの投資の収益率の標本（サンプル）として信頼できると考えれば、ここで求めた12ヶ月平均は、将来の投資における期待収益率の推定値、実績から計算された標準偏差は、これらの投資のリスクの推定値として利用できることになる。詳しくは、再度次章以降で説明する。

復習問題

Q.3-1
図表3-1において、1年後に好景気か不況の2つのパターンが起こる確率は同じ（それぞれ50%ずつ）であるとした場合に、資産1～3の期待収益率はいくらと計算されるだろうか。

Q.3-2
以下のような資産6-1について、12ヶ月の平均収益率と、収益率の分散と標準偏差を求め、図表3-2の資産6と比較した場合、リスクとリターンの関係について、どのようなことが言えるだろうか。

	資産6-1
前年 1 月	0%
前年 2 月	−4%
前年 3 月	−2%
前年 4 月	12%
前年 5 月	6%
前年 6 月	11%
前年 7 月	10%
前年 8 月	1%
前年 9 月	−6%
前年10月	13%
前年11月	−9%
前年12月	4%

解答は140ページ ➡

第 4 章

ポートフォリオのリスクと
リスク分散の限界

前章では、ファイナンス理論における投資のリスクを数値化する方法の1つである、分散と標準偏差について説明した。そこでは、1つの投資の収益率が変動することとして、そのリスクを中心に話を進めた。

本章では、複数の投資を組み合わせた場合に、リスクがどのように変化するかを説明しよう。

4-1 複数資産への投資によるポートフォリオとリスク低減効果

複数の投資を組み合わせて投資を行うことは、決して珍しいことではない。そもそも企業であれば、投資を1つしか行わないのは稀なことであろう。また個人レベル、たとえば個人資産の投資といっても、預金、債券、株式、不動産といった、いろいろな資産への投資がありうるだろう。

複数の投資を組み合わせることを「ポートフォリオを組む」と呼び、実際に複数の投資が組み合わされたものを「投資ポートフォリオ」と呼ぶ。投資において、ポートフォリオを組むメリットは、ひとえにリスクの低減にある。1つだけ投資をしているときに比べて、複数の投資（「分散投資」と呼ばれることが多い）をすると、リスクが下がるのが一般的である。

このことを最初にファイナンス理論として提唱したのは、ハリー・マーコヴィッツ（Harry Markowitz）という米国の経済学者であった[注1]。彼の理論のエッセンスを簡単に述べたものに、ファイナンス理論の第3の格言がある。

ファイナンスの格言　その3

すべての卵を、1つの（同じ）カゴに入れて運んではならない。（ポートフォリオ分散投資によるリスク低減の原則）

[注1] マーコヴィッツは、このポートフォリオにより1990年にノーベル経済学賞を受賞している。

図表4-1 資産5に60%、資産6に40%投資するポートフォリオのリスクとリターン

	資産5	資産6	資産5：資産6＝60%：40%
前年 1月	2%	−1%	0.8%
前年 2月	5%	11%	7.4%
前年 3月	−2%	2%	−0.4%
前年 4月	0%	−3%	−1.2%
前年 5月	3%	9%	5.4%
前年 6月	5%	5%	5.0%
前年 7月	0%	12%	4.8%
前年 8月	4%	3%	3.6%
前年 9月	10%	−8%	2.8%
前年10月	−5%	10%	1.0%
前年11月	−4%	−5%	−4.4%
前年12月	6%	1%	4.0%
12ヶ月平均	2.0%	3.0%	2.4%
標準偏差	4.39%	6.58%	3.33%

　卵を同じカゴに入れて運ぶとは、1つの投資に決め打ちして、全資金を投入することをたとえたものである。このような投資においては、当然ながら、その投資が成功するか、失敗する（カゴを落としてすべての卵が割れてしまう）かのどちらかに投資結果が決まってしまう。ところが、卵を半分ずつ2個のカゴに分けて運ぶ、すなわち、たとえば投資資金を半分に分け、2つの異なる投資に投入したらどうなるだろうか。もちろん、双方ともに成功することもあれば、双方ともに失敗する（2個のカゴとも落としてしまう）こともあるだろう。その一方で、2つ投資があれば、片方だけが成功し、もう片方が失敗（1個のカゴに入った半分の卵のみが割れる）という可能性が出てくる。

　このように、分散投資をすることでリスクは低減できるということは、この格言だけでも直感的には理解できる。このときの問題は、前章でも述べたように、リ

スクが低減するということを、どのように数値化するかである。

たとえば、2つの投資を組み合わせることでリスクが低減できるといっても、それはどの程度なのだろうか。リスクをゼロにすることは可能なのだろうか。投資の組み合わせは、どのようなものであっても、同じ程度リスクは低減するのだろうか。

こうした問題に答えるためには、さらに統計学の知識が必要だが、本書では最低限の説明で済ませるように心がけることとする。詳細は、のちに説明するとして、まずは実際の投資事例を基に、ポートフォリオのリスク計算の実例を見ていこう。

ここでは、**図表4-1**に示すように、前章で用いた資産5と資産6の例をふたたび用いて説明しよう。資産5、資産6の双方に、手持ちの資金をそれぞれ60％と40％投資したポートフォリオで、その平均収益率やリスク（標準偏差）がどのように計算されるかを考えてみる。

たとえば、前年1月については、資産5が2％、資産6が−1％の収益率のため、それぞれに60％と40％投資しているポートフォリオの収益率は、0.8％（＝0.6×2％＋0.4×[−1％]）と計算される[注2]。

同様に、過去12ヶ月について、ポートフォリオの収益率を計算した結果を示した。12ヶ月分のポートフォリオの収益率が計算できたら、その平均（2.4％）と標準偏差（リスク、3.33％）も計算できる[注3]。

ここまで計算できたら、資産5、資産6の平均収益率、リスクの関係を確認してみよう。平均収益率については、資産5と資産6の平均収益率を、それぞれ

[注2] これを確認するには、たとえば200万円のうち、資産5に120万円、資産6に80万円と分けて投資したポートフォリオを考えてみればよい。前年1月については、資産5からは2万4,000円の収益（＝1,200,000×2％）、資産6からは−8,000円の収益（＝800,000円×[−1％]、すなわち8,000円の損失）が得られるので、ポートフォリオ全体の収益は、1万6,000円（＝24,000円−8,000円）である。ポートフォリオの投資元本は200万円であるから、収益率は、16,000円÷2,000,000円＝0.8％と計算される。

[注3] ここでは、前章で説明したような標準偏差の順を追った計算はせず、表計算ソフトの関数を使って、直接、標準偏差を求めることを想定している。

への投資比率で加重平均したものが、ポートフォリオの平均収益率となっていることがわかる。すなわち、（ポートフォリオの平均収益率：2.4％）＝（資産5の平均収益率：2％）×0.6＋（資産6の平均収益率：3％）×0.4 という関係が成立している。

　リスク（標準偏差）はどうだろうか。資産5と資産6のリスクを、それぞれの投資比率で加重平均した数値と、ポートフォリオのリスクは等しくない。（資産5の標準偏差：4.39％）×0.6＋（資産6の標準偏差：6.58％）×0.4＝5.27％であるが、ポートフォリオの標準偏差は3.33％となっており、大幅に小さくなっている。実際、このケースでは、ポートフォリオのリスク（3.33％）は、リスクの低い資産5のリスク（4.39％）よりも、さらに低くなっているにもかかわらず、リターン（平均収益率：2.4％）は、資産5の平均収益率（2％）よりも高い。

　これが、ポートフォリオ分散投資によるリスク低減の最大のメリットである。分散投資をしても、平均収益率は投資比率に応じて加重平均され、それぞれの分散投資の収益がポートフォリオにもたらされる（失われることはない）一方で、リスクのみが下がる。すなわち、同じ平均収益率で、より低いリスクの投資をつくり出すことができるのである。

4-2　ポートフォリオのリスク低減の仕組みとリスクの計算式

　さて、このようなポートフォリオによる分散投資のリスク低減は、どのような仕組みで達成されているのか。より詳しく見ておこう。

　資産5と資産6の過去12ヶ月の収益率実績を比べてみると、興味深いことがわかる。前年9月、前年10月を見ると、資産6が不調な9月には資産5が好調で、その損失を補っている。一方、資産5が不調な10月には資産6が好調で、その損失を補っている。その結果、両月ともにポートフォリオの収益はマイナスとはなっていない。

　もちろん、12ヶ月すべてで、このようにうまく損失を回避できているわけではな

い（前年11月はどちらも損失を出している）が、片方の投資が不調なときに、もう片方の投資で補うというのが、まさにポートフォリオ投資の神髄である。前述のファイナンスの格言でいえば、卵を複数のカゴに入れて運んだ（ポートフォリオ分散投資した）ことで、片方のカゴが落ちて（一方の投資が不調）も、もう片方のカゴは落ちず（投資が好調）で、卵が全部割れてしまう（投資全体の収益率がマイナスになってしまう）ことは、ある程度避けられたことになる。

このように、分散投資によってリスクが低減されるのは、ある投資の不調と、別の投資の好調が打ち消し合うことに起因する。したがって、ポートフォリオ内の投資が、皆が一緒に好調、不調になるというように同じ方向に連動するのではなく、どれかが不調な場合には別の投資が好調になるというように、異なる方向に打ち消し合うように動く傾向があるほうがより望ましい。

互いの投資の好不調がどの程度連動するか、打ち消し合うか、については、統計学に基づいて数値化する指標がある。その数値を用いると、ポートフォリオの過去の収益率を計算して、そこから標準偏差を求めるのではなく、資産5、資産6の標準偏差（および、それぞれへの投資比率）から、直接ポートフォリオの標準偏差を計算できる。この指標が、「相関係数」と呼ばれるものである。

相関係数について、本書で覚えておかなければならないことは、以下の通りである。

1. 相関係数はマイナス1以上、プラス1以下の範囲の数値である。
2. 相関係数がプラスの場合、2つの投資の収益の間には「正の相関がある」といい、どちらかというと、2つの投資の収益率が同じ方向に動く傾向[注4]が強いことを示している。相関係数がプラス1の場合は、特に「完全な正

[注4] 図表4-1で示したように、実際の投資では、2つの投資が同じように好調（不調）になることもあれば、双方が補い合う（片方が好調、もう片方が不調）こともある。相関係数は、こうした状況をならしてみたときに、双方が連動する傾向が強いのか、逆に動く傾向が強いのかを示す指標である。

の相関がある」といい、2つの収益率が、完全に連動して動いている[注5]ことを示す。
3. 相関係数がマイナスの場合、2つの投資の収益の間には「負の相関がある」といい、どちらかというと、2つの投資の収益率が逆方向（お互いを補う方向）に動く傾向が強いことを示している。相関係数がマイナス1の場合は、特に「完全な負の相関がある」といい、2つの収益率が、完全に逆方向に動いていることを示す。
4. 相関係数が0（ゼロ）の場合、2つの投資は無相関である（または、2つの投資の間に相関はない）といい、片方の投資収益率とはまったく無関係に、もう一方の投資収益率が動いていることを示す。

　相関係数がどのように計算されるかの詳細は、統計学の専門書に委ねることとするが、実際には、分散や標準偏差と同じように、過去データから表計算ソフトの「CORREL関数」を用いて容易に求められる。具体的には、CORREL関数の中で、資産5の12ヶ月分の収益率が入力されている範囲のセルと、資産6の収益率が入力されている範囲のセルを指定すればよい。資産5と資産6の過去12ヶ月のデータから計算される[注6]相関係数は、−0.1983となり、資産5と資産6は負の相関にある（どちらかというとお互いの収益率が逆方向に動く傾向にある）ことがわかる。
　相関係数からポートフォリオのリスク（標準偏差）を計算する式は、若干複雑である[注7]。最初から標準偏差を求めてもよいが、下記のように、まずポートフォリオの分散（標準偏差の2乗）ベースで計算を行い、求められた分散の平方根を取って、ポートフォリオのリスク（標準偏差）を求めるのがよいだろう。

[注5] より正確には、片方の収益率が、もう片方の倍数（1倍、2倍等）となっている場合をいう。
[注6] 厳密にいうと、これも過去の収益率という標本から推定された相関係数である。
[注7] この式も統計学から導かれるものである。

ポートフォリオの分散：$(\sigma_p)^2$

$= \underbrace{(w_1)^2 \times (\sigma_1)^2 + (w_2)^2 \times (\sigma_2)^2}_{} + \boxed{2 \times w_1 \times w_2 \times \rho_{1,2} \times \sigma_1 \times \sigma_2}$

1つ目の資産への投資比率：w_1
2つ目の資産への投資比率：w_2
1つ目の資産のリスク（標準偏差）：σ_1
2つ目の資産のリスク（標準偏差）：σ_2
1つ目の資産と2つ目の資産の収益率の相関係数：$\rho_{1,2}$

ポートフォリオのリスク（標準偏差）：$\sigma_p = \sqrt{\text{ポートフォリオの分散：}(\sigma_p)^2}$

　ポートフォリオの分散の計算式をよく見ると、最初の2つの項（楕円形の点線で囲んだ部分）は、1つ目の資産の分散と2つ目の資産の分散を、それぞれの資産への投資比率の2乗でウェイト（比率）付けして、加算していることがわかる。これらは、投資先の2つの資産が持っていたリスクが、ポートフォリオのリスクにも含まれることを示しており、当然といえる。

　重要なのは3番目の項（四角の実線で囲んだ部分）であり、これがポートフォリオのリスク低減効果を反映している。この部分には、資産1と資産2の相関係数が含まれており、仮に資産1と資産2のリスク（標準偏差）が変わらないとしても、両資産の相関係数が小さければ小さいほど、ポートフォリオの分散や標準偏差（リスク）が小さくなり、ポートフォリオの分散投資によるリスク低減効果が強くなることを示している。

　両資産の相関係数が小さいということは、2つのバスケットに分けて卵を運ぶ場合にたとえれば、お互いのバスケットの動きの連関性が弱いということを意味する。つまり片方のバスケットが落ちても、もう片方のバスケットがつられて落ちる可能性が低いわけで、リスク低減効果は大きくなる。

　なお、分散の平方根によって求められるポートフォリオのリスク（標準偏差）は、相関係数が1より小さい（2つの資産が完全な正の相関を持たない）限り、2つの

資産への投資比率でそれぞれの資産のリスクを加重平均した数値よりも小さくなる。すなわち、完全な正の相関を持つ資産同士を組み合わせたポートフォリオでない限り、リスク低減効果があることになる[注8]。

実際に、資産5と資産6の事例で上記の式が成立することを確認しておこう。

ポートフォリオの分散：$(\sigma_p)^2$
$= (0.6)^2 \times (0.0439)^2 + (0.4)^2 \times (0.0658)^2$
$\quad + 2 \times 0.6 \times 0.4 \times (-0.1983) \times 0.0439 \times 0.0658$
$= 0.001111$

ポートフォリオのリスク（標準偏差）：$\sigma_p = \sqrt{0.001111} = 3.33\%$

たしかに、**図表4-1**で求めたポートフォリオの標準偏差と一致することが確認された。

このように、ポートフォリオ分散投資では、ある投資の不調と別の投資の好調が打ち消し合うことによって、投資ポートフォリオ全体のリスクが低減される。上

[注8] 相関係数が1の場合、ポートフォリオの分散の計算式は、以下のように単純化される。

ポートフォリオの分散：$(\sigma_p)^2 = (w_1)^2 \times (\sigma_1)^2 + (w_2)^2 \times (\sigma_2)^2 + 2 \times w_1 \times w_2 \times \sigma_1 \times \sigma_2$
$= (w_1 \times \sigma_1 + w_2 \times \sigma_2)^2$

したがって、

ポートフォリオのリスク（標準偏差）：$\sigma_p = \sqrt{(w_1 \times \sigma_1 + w_2 \times \sigma_2)^2}$
$= w_1 \times \sigma_1 + w_2 \times \sigma_2$

この場合、ポートフォリオのリスクは、資産の投資比率に応じて、それぞれのリスクを加重平均した値となっており、リスク分散効果はまったくないことがわかる。たとえて言えば、相関係数が1の資産に分散投資するということは、ひもでつながっている2つのバスケットに入れて卵を運ぶ状況である。2つのバスケットはつながっているので、必ず片方のバスケットが落ちればもう片方も落ち、2つのバスケットに分けて卵を入れてもリスクは低減されない。

図表4-2 ポートフォリオの分散投資数とリスク低減効果

それぞれの投資の収益率の標準偏差が20％で、各投資間の相関係数がすべて0.3の複数の投資に対して、それぞれの投資に等金額を分散投資した場合の対象投資数とポートフォリオリスクの関係。

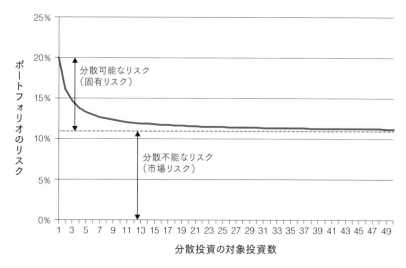

記のポートフォリオのリスク（標準偏差）の計算式を見るとわかるが、ポートフォリオ内に含まれる投資の収益率間の相関係数（$\rho_{1,2}$）が小さいほど、ポートフォリオのリスクは小さくなる。言い換えれば、投資同士が同じ方向ではなく、逆方向に動くほど、ポートフォリオのリスクは小さくなる。

ポートフォリオリスクの低減は、複数の投資が収益率の好不調を打ち消し合うことで実現されるので、収益の好不調が同じ方向に動く場合はリスクが低減しない。2つのカゴに分けて卵を運んだとしても、カゴ同士がひもでつながれていたらどうだろうか。1個のカゴが落ちれば、もう1個のカゴも落ちてしまって、卵はすべて割れてしまう。投資間の相関係数が、プラス1に近ければ近いほど、リスク分散の効果は小さくなってしまうのである。

ここまでは、2つの投資に分散したポートフォリオのリスクを考えてきた。それ

では、3つ以上の投資に分散すると、ポートフォリオのリスクはどのようになるのだろうか。たとえば、10,000個の異なる投資に分散すれば、リスクは限りなく減らすことができるのだろうか。

結論から言うと、分散投資によるリスクの低減には限界があり、いくら多数の投資に分散しても、リスクをゼロにすることは難しい。**図表4-2**は、これをシミュレーションしたものである。

図表4-2は、それぞれ20％のリスク（標準偏差）を持ち、投資間の相関係数がすべて0.3である投資を複数組み合わせて、どの投資にも同額を分散投資する（たとえば、2つの投資の場合には、投資金額の半分ずつ、3つの投資の場合には、投資金額の3分の1ずつ）場合に、ポートフォリオのリスクが、投資対象数によってどのように変化していくかを示したものである[注9]。

投資数を2つに増やすと、ポートフォリオのリスクは20％から16.1％へ、3に増やすと14.6％へと、最初は順調にポートフォリオのリスクは減っていく。しかし、グラフからわかるように、投資数が10を超えたあたりから、グラフのカーブは緩やかになっていく。そして、この事例の場合には、いくら多くの投資に分散しても、理論的には11％（厳密には10.95％）よりもリスクを低減することができない。

このように、通常の投資においては、分散投資でリスクをゼロにすることは難

[注9] N個の投資案件に等金額ずつ投資するポートフォリオでは、

$$1投資案件当たりの投資金額 = \frac{1}{N}$$

となる。この場合に、各投資案件の収益率の標準偏差がすべて同じでσ、各投資の収益率間の相関係数もすべて同じρとすると、

$$ポートフォリオのリスク（標準偏差） = \sqrt{\frac{1}{N} \times \sigma^2 + \left(1 - \frac{1}{N}\right) \times \rho \times \sigma^2}$$

と計算されることがわかっている。図表4-2は、このことを基にグラフを作成したものである。

しく、ある程度のリスクは残ってしまう。このことは、さまざまな投資の種類を考えてみるとわかる。

　たとえば、日本国内での分散投資のため、幅広く上場企業の株式や社債を買い集め、また不動産にも投資したとする。たしかに、多くの企業の株式を購入すれば、その企業固有のリスク（社長の健康不安や、商品の不備によるリコールなど）については、それが多数の企業で同時に発生するとは考えられない。そのため、たかだか1社の株式固有のリスクがポートフォリオに与える影響は小さい。また、社債や不動産は、必ずしも株式と同じような動きをするわけではないため、分散投資によってポートフォリオのリスクは低減される。

　しかしながら、日本経済全体を揺るがすような不況が襲った場合は、どうだろうか。大不況ともなれば、株式はほとんどが下落、社債も下落、不動産価格も下落するのではないか。こう考えると、分散投資によって、経済全体、市場全体が抱えるリスクを完全に消し去ることはできないと直感的にわかるだろう。

　以上をまとめると、個別の投資のリスクの中には、分散投資で低減できる部分（図表4-2では、分散可能なリスク〔固有リスク〕の部分）と、分散投資でも低減できない経済や市場全体のリスク（図表4-2では、点線より下の部分で、分散不能なリスク〔市場リスク〕の部分）があるとわかる。詳細は後述するが、ファイナンス理論では、十分に分散投資したとしても消せない市場リスクこそが、「ハイリスク・ハイリターン」を考える際の基準とならなければならないと考える。

　次章では、ポートフォリオのリスクと期待収益率（期待リターン）の関係を、もう少し詳しく説明したあとに、ファイナンス理論の中でもっとも重要であり、かつ頻繁に実務で利用される理論の1つである、資本資産価格モデル（Capital Asset Pricing Model: CAPM）を解説しよう。

復習問題

Q.4-1

　資産5と資産6について、それぞれの投資比率を、0％：100％（資産6のみに投資）、10％：90％、20％：80％、30％：70％と10％ずつ変化させていって、最終100％：0％（資産5のみに投資）となるまでについて、ポートフォリオ（PF）の平均収益率とリスク（標準偏差）をそれぞれ求めてみよう。また、これらのデータを、横軸をリスク（標準偏差）、縦軸を平均収益率としてグラフにプロットすると、どのような形になるだろうか。

Q.4-2

　前章の復習問題Q.3-2で示した資産6-1と資産5を組み合わせたポートフォリオについて、上記Q.4-1と同様の計算を行い、グラフにプロットしてみよう。

解答は141ページ

第5章

効率的フロンティアと
リスクフリー資産を加えた
ポートフォリオ、
資本資産価格モデル（CAPM）

前章では、ポートフォリオのリスクとリスク分散について説明した。そこでは、リスク分散によって固有リスクは低減できるが、市場リスクという、分散投資では消すことのできないリスクが存在することも紹介した。

ここで、第2章で紹介した「ファイナンスの格言その2：ローリスク・ローリターン、ハイリスク・ハイリターンの原則」との関係が問題になる。ポートフォリオをつくることで、ある程度リスク（固有リスクの部分）が低減できるのであれば、そのリターンもローリスク・ローリターンの原則に基づいて下がってしまうのだろうか。

5-1 ポートフォリオ分散投資と期待収益率の関係

すでに前章で触れたように、ポートフォリオをつくって複数の資産に投資したとしても、リターンが低減されることはない。したがって、ポートフォリオのリスク分散によって、個別に投資する場合に比べれば「ローリスクでハイリターン」の投資が可能になる。リターンはそのままで、リスクだけが低減できる。これこそが、ポートフォリオ分散投資のメリットである。

5-1-1　投資対象資産が2つの場合

まず、2つの資産でポートフォリオをつくった場合のリスク（標準偏差）がどのように計算されるかについて、前章で説明した式を復習し、期待リターンの計算に関して説明しよう。なお、前章ではポートフォリオの分散の計算式を記述したあとに、その平方根としてリスク（標準偏差）の式を掲載したが、ここでは一括して記述している。

ポートフォリオのリスク（標準偏差）：σ_p

$$= \sqrt{(w_1)^2 \times (\sigma_1)^2 + (w_2)^2 \times (\sigma_2)^2 + 2 \times w_1 \times w_2 \times \rho_{1,2} \times \sigma_1 \times \sigma_2}$$

ただし、
1つ目の資産への投資比率：w_1
2つ目の資産への投資比率：w_2
1つ目の資産のリスク（標準偏差）：σ_1
2つ目の資産のリスク（標準偏差）：σ_2
1つ目の資産と2つ目の資産の収益率の相関係数：$\rho_{1,2}$

ポートフォリオの期待収益率（リターン）：$r_p = w_1 \times r_1 + w_2 \times r_2$
ただし、
1つ目の資産への投資比率：w_1
2つ目の資産への投資比率：w_2
1つ目の資産の期待収益率（リターン）：r_1
2つ目の資産の期待収益率（リターン）：r_2

ポートフォリオのリスクの式に比べて、期待リターンの式はシンプルである。それぞれの資産の期待リターンが、その投資比率に応じてポートフォリオのリターンに貢献する。なお、ポートフォリオの期待リターンの計算では、3つ以上の資産からなるポートフォリオについても、同じように、各資産への投資比率にそれぞれの資産の期待リターンを乗じて、全資産について合算することで期待リターンが得られる。

ここでは2つの投資対象資産、資産7と資産8があり、それぞれの期待リターンが2％と4％、それぞれのリスクが20％と30％、資産7と資産8の収益率（リターン）の相関係数が0.3だとする。この場合、資産7に75％、資産8に25％投資するポートフォリオの期待リターンは、以下のように2.5％と計算される。

$r_p = 0.75 \times 2\% + 0.25 \times 4\% = 2.5\%$

また、同じポートフォリオのリスクは、

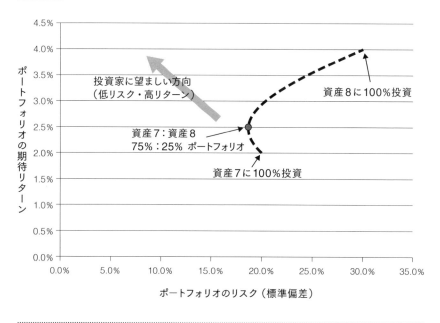

図表5-1 ポートフォリオのリスク（標準偏差）と期待リターン（投資対象資産が2つの場合）

$$\sigma_p = \sqrt{0.75^2 \times (20\%)^2 + 0.25^2 \times (30\%)^2 + 2 \times 0.75 \times 0.25 \times 0.3 \times 20\% \times 30\%}$$

$$= 18.675\%$$

と計算される。

　ここでポートフォリオのリスク（標準偏差）と期待リターンの関係を、リスク（標準偏差）を横軸、期待リターンを縦軸にとって、グラフで示してみよう。資産7と資産8について、資産7にすべて投資した場合からスタートして、少しずつ資産8の比率を増やしていき、資産8に100％投資するまでのポートフォリオのリスクと期待リターンの関係は、図表5-1のようになる。

さらに、前述の計算例で示した、資産7に75％、資産8に25％投資するポートフォリオ（以下「75％：25％ポートフォリオ」と記述）に注目しよう。このポートフォリオと資産7を比べると、以下のようになる。

	75％：25％ ポートフォリオ		資産7
期待リターン	2.5％	＞	2％
リスク（標準偏差）	18.675％	＜	20％

すなわち、75％：25％ポートフォリオは、資産7よりもローリスク・ハイリターンな投資であることがわかる。

リスク分散が可能な場合、ここまで見てきたような投資のリスク＝標準偏差という考え方の中では、「ファイナンスの格言その2：ローリスク・ローリターン、ハイリスク・ハイリターンの原則」が必ずしも成立しないことになる。このような状況において、わざわざ資産7への全額投資を選択する投資家はいないはずである。したがって、図表5-1中の「資産7に100％投資」と書いたポートフォリオが、実際に選択されることはないだろう。

5-1-2　3つ以上の資産を組み合わせる場合

ここまでは2つの資産を組み合わせたポートフォリオを考えてきたが、3つ以上の資産を組み合わせる場合は、どのように考えればよいのだろうか。

すでに説明したように、3つ以上の資産を組み合わせたポートフォリオにおいても、期待リターンの計算方法は変わらない。各資産への投資比率にそれぞれの資産の期待リターンを乗じて、全資産について合算することで期待リターンが計算される。

問題は、リスク（標準偏差）の計算である。そこで、複雑にはなるが、3つの投資対象資産からなるポートフォリオのリスク（標準偏差）の計算式を紹介しておく。

ポートフォリオのリスク（標準偏差）：σ_p

$$= \sqrt{\begin{array}{l}(w_1)^2 \times (\sigma_1)^2 + (w_2)^2 \times (\sigma_2)^2 + (w_3)^2 \times (\sigma_3)^2 + 2 \times w_1 \times w_2 \times \rho_{1,2} \times \sigma_1 \times \sigma_2 \\ + 2 \times w_2 \times w_3 \times \rho_{2,3} \times \sigma_2 \times \sigma_3 + 2 \times w_3 \times w_1 \times \rho_{3,1} \times \sigma_3 \times \sigma_1\end{array}}$$

ただし、
1つ目の資産への投資比率：w_1
2つ目の資産への投資比率：w_2
3つ目の資産への投資比率：w_3
1つ目の資産のリスク（標準偏差）：σ_1
2つ目の資産のリスク（標準偏差）：σ_2
3つ目の資産のリスク（標準偏差）：σ_3
1つ目の資産と2つ目の資産の収益率の相関係数：$\rho_{1,2}$
2つ目の資産と3つ目の資産の収益率の相関係数：$\rho_{2,3}$
3つ目の資産と1つ目の資産の収益率の相関係数：$\rho_{3,1}$

　平方根の中身に注目すると、前半部分（それぞれの資産の投資比率の2乗と分散〔＝標準偏差の2乗〕を乗じたものが足し合わされている部分）と、後半部分（2個の資産の組み合わせ〔たとえば、2つ目の資産と3つ目の資産〕をつくり、その2個の資産への比率同士、標準偏差同士、さらに2個の資産の相関係数を乗じ、2倍したもの：計3組）とに分かれていることに気づくだろう。第4章の2つの試算の例で説明したように、前半部分は、個々の資産のリスクをそのまま反映したものであるのに対して、後半部分は、3つの資産がどの程度同じように動くか（相関係数の値）によって数値が影響を受ける、いわゆるリスクの分散効果を示す部分である。

　なお、4つ以上の資産に投資するポートフォリオにおいても、この構図は変わらない。ただし、投資対象資産が4つの場合、4つの資産の中から2つの資産を組み合わせる方法は6通りあるので、前半部分に比べて、後半部分の式の項が多くなる。

この後半部分の式の合計値は、そのポートフォリオに組み入れた資産の収益率が、同じ方向に動くことの度合いを反映しており、市場リスク（分散不能リスク）を表していると考えられる。一方で、投資固有のリスク（分散可能リスク）は、式の前半部分に反映されており、ポートフォリオに組み入れられる資産の数が増えれば増えるほど、そのウェイトは小さくなる。

たとえば、100個の資産を組み合わせたポートフォリオにおいては、式の前半部分の項の数が100個であるのに対して、後半部分の項の数は4950個（100個の資産から2つを選ぶ組み合わせの数）となり、後半部分の数値が、ポートフォリオのリスクをほとんど決定することになる。後半部分が分散不能リスクを示していることを思い起こせば、株数が多くなるにつれて（分散不能リスクを示す部分）リスクの大半になるというのは、当然ともいえる。

5-1-3　ポートフォリオの最適化と効率的フロンティア

このように、多数の資産を組み合わせてポートフォリオをつくることで、ある程度まではローリスクでハイリターンな投資案件をつくることが可能になる。そして、この分散投資の究極の姿が「効率的ポートフォリオ」と呼ばれるものである。これは、世の中に存在する投資対象資産を、すべてポートフォリオに組み込んで、あるリスクを取った場合に、もっとも高いリターンが得られるように組み合わせを計算（「ポートフォリオの最適化」という）したものである。なお、多数の資産を組み合わせたポートフォリオの最適化には複雑な計算を要するため、通常コンピュータが用いられる[注1]。

実際に、こうして計算される効率的ポートフォリオは、これ以上ポートフォリオのリスク（標準偏差）を小さくできない組み合わせ（「最小分散ポートフォリオ」と

[注1] 多数の投資がある場合のポートフォリオの最適化は、一昔であれば、スーパーコンピュータを用いて行われたが、現在はパーソナルコンピュータ（PC）の計算処理能力が向上したため、かなりの計算はPCで可能になっている。

図表5-2 ポートフォリオの最適化と効率的フロンティア

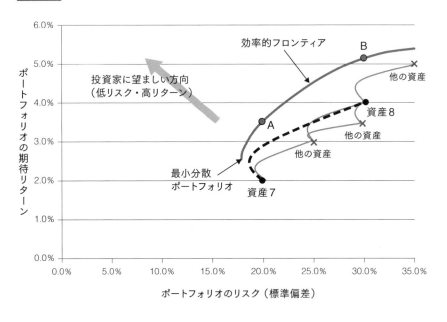

呼ぶ[注2]）よりも大きいリスクであれば、あるリスク水準に対応して、そのリスクを前提にした場合のもっとも高いリターンを持った効率的ポートフォリオが存在する。こうして計算された効率的ポートフォリオの集合を、「効率的フロンティア」と呼んでいる。効率的フロンティアは、グラフ上では最小分散ポートフォリオを起点にして、右上にカーブした曲線で示される。

ポートフォリオ最適化について説明するために、**図表5-1**で示した資産7と資産8の組み合わせに、さらに多くの資産を加えて（最終的には、現在存在するす

［注2］　市場リスク（分散不能リスク）が存在するため、ポートフォリオのリスク分散には限界がある。これ以上リスクを小さくすることができないというところまでリスクを低減したポートフォリオが、最小分散ポートフォリオである。

べての資産を含める)、実際に最適化をした際のイメージを、**図表5-2**に示した。

　資産7と資産8だけでポートフォリオを構築した際のポートフォリオの曲線（図中では点線で表示）に比べて、効率的フロンティアはグラフの中で左上方向に位置していることがわかるだろう。いろいろな資産を組み合わせると、資産7と資産8の組み合わせと同様に、グラフ中にさまざまな曲線を引ける。そして、より多くの資産を組み合わせて最適化することで、こうした投資の組み合わせの中で、グラフ中ではもっとも左上、すなわち、ローリスクでハイリターンのポートフォリオが構築できることがわかる。

　効率的フロンティアの曲線上のポートフォリオは、すべて効率的ポートフォリオ（あるリスクに対してもっとも高いリターンの得られるポートフォリオ）である。もちろん、効率的ポートフォリオと同一のリスクで、より期待リターンが低いポートフォリオの組み合わせは無数にあるが、投資家が合理的に行動すれば、それらは選ばれない。

5-1-4　投資家はポートフォリオをどう選択すべきか

　それでは、投資家は、無数にある効率的ポートフォリオから、どのように自分の投資するポートフォリオを選べばよいのだろうか。

　これは基本的には、投資家のリスク許容度次第となる。とにかくリスクの最小化を目指す投資家であれば、最小分散ポートフォリオを選択するだろうし、リスクが20％、30％までしか許容できない投資家であれば、**図表5-2**中の、それぞれA、Bのポートフォリオを選択することになるだろう。

　念のために確認しておくと、たとえば、リスクが20％までしか許容できない投資家が、資産7に100％投資することはない。資産7の期待リターンが2％なのに対し、Aのポートフォリオの期待リターンは3.5％と、より高いリターンが期待できるからである。

　なお、効率的ポートフォリオの中では、ローリスク・ローリターン、ハイリスク・ハイリターンの原則が成立していることを確認しておこう。よりリスクの高いBのポートフォリオの期待リターン（5.1％）は、Aのポートフォリオの期待リターン

（3.5％）よりも高くなっている。

　このように、投資家が合理的投資家であれば、究極の分散投資ポートフォリオである、効率的フロンティア上の効率的ポートフォリオにのみ投資すべきであり、それよりも分散投資の度合いが低い（同じリスクで期待リターンの低い）ポートフォリオに投資してはならない。このことからは、効率的ポートフォリオではなく、本来、分散可能リスクを投資家が甘受して、その結果「ハイリスク」の投資になったとしても「ハイリターン」は期待できない（また、高いリターンが得られるべきではない）ことが示唆される。

　そこで、第2章で紹介した「ファイナンスの格言その2」は、以下のように修正されることになる。

ファイナンスの格言　その2・修正版

　市場リスク（分散不能リスク）の低い投資は期待収益率が低く、市場リスク（分散不能リスク）が高い投資は期待収益率が高い（ローリスク・ローリターン、ハイリスク・ハイリターンの原則）。分散可能リスク（固有リスク）の多寡は、期待収益率に影響を与えない。

5-2　リスクフリー資産と効率的フロンティア

　すでに見たように、リスクのある資産を組み合わせた効率的ポートフォリオに投資する場合、最小分散ポートフォリオよりもリスクを小さくすることはできない。しかし、世の中には、最初からリスクのない資産（収益率が変動しない投資）が存在する。それは、国債である。

　国債の場合、償還までの間、あらかじめ約束した金利が支払われる。国は通常、自国通貨での支払不能には陥らないので、国債の収益率（厳密には名目ベースでの収益率）は、償還までの間、変動しないと考えてよい。国債のよ

図表5-3 リスクフリー資産が存在する場合のマーケット・ポートフォリオ（M）と資本市場線

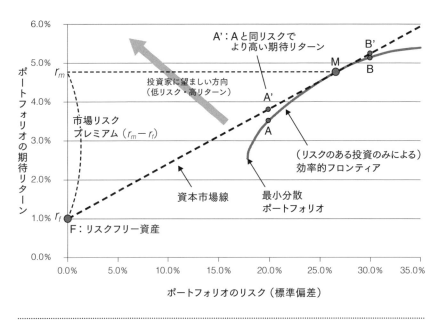

に収益率が変動しない資産をリスクフリー（無リスク）資産と呼び、その利率をリスクフリー（無リスク）金利と呼び、通常 r_f と記述する。

投資家がこのようなリスクフリーの金利で運用したり、借入れしたりできることを仮定すると、ポートフォリオの分散投資の様子は一変する。この様子を示したのが図表5-3である。

図表5-3では、図表5-2にリスクフリー資産Fを加えたものを示し、リスクフリー資産と効率的ポートフォリオの両方に投資するポートフォリオを考える。リスクフリー資産Fはリスクがゼロで、金利（リスクフリー金利）が r_f（ここでは1％と仮定）なので、図表の中では、左端の縦軸上に描かれている。

この状況の下で、たとえば、先ほどのように図中のAというポートフォリオを選択することは、投資家にとって合理的だろうか。結論からいうと、Aよりも優

れた投資がある。それは、効率的フロンティア上のMという効率的ポートフォリオに資金の一部（全体の約77％）を投資し、残りの資金（全体の約23％）をリスクフリー資産Fに投資するというポートフォリオをつくる（図中ではA'と記載）ことである。

　このような、リスクフリー資産Fと（効率的ポートフォリオを含む）リスクのある資産Mを組み合わせたポートフォリオのリスクとリターンの関係は、グラフ上では図中のFとMを結んだ破線の直線（「資本市場線」と呼ばれる）で示される[注3]。図中のA'もこの破線上にあり、同じリスク（20％）に対して、Aよりも高い期待リターンが得られる。同様に、図中の効率的フロンティア上のBというポートフォリオも、リスクフリー資産FとポートフォリオMの組み合わせでつくられる破線上のポートフォリオB'のほうが、同じリスクでより高い期待リターンが得られるため、Bを選択すべきではない。このように、リスクフリー資産とリスクのある投資の組み合わせが可能な場合には、すべての投資はリスクフリー資産Fと効率的ポートフォリオMの組み合わせで行うのが合理的になり、ポートフォリオM以外の効率的ポートフォリオが選択されることはない[注4]。

　以上、見てきたように、リスクフリー資産が存在する場合には、すべての投資家はリスクフリー資産Fと効率的フロンティア上のポートフォリオMを組み合わせ

[注3]　ポートフォリオのリスクσ_pは、

$$\sigma_p = \sqrt{(w_1)^2 \times (\sigma_1)^2 + (w_2)^2 \times (\sigma_2)^2 + 2 \times w_1 \times w_2 \times p_{1,2} \times \sigma_1 \times \sigma_2}$$

1つ目の資産がリスクフリー資産の場合、$\sigma_1 = 0$なので、

$$\sigma_p = \sqrt{(w_2)^2 \times (\sigma_2)^2} = w_2 \times \sigma_2$$

このようになり、組み合わせたポートフォリオのリスクには、効率的ポートフォリオMへの投資比率分だけ、Mのリスクが反映される。

[注4]　厳密にいうと、資本市場線上で、図中のMよりも右の部分の投資は、リスクフリー金利で借入れをして、手持ちの投資資金より多くの金額をMに投資することで実現される。たとえば、B'の投資は、手持ちの投資資金の約15％相当を借り入れて、投資資金の約115％相当をB'に投資することで実現される。

ることによって、同じリスクの下でより高い期待リターンを得られるようになる。Mという効率的ポートフォリオは、図中では、Fを出発点に描いた直線が、効率的フロンティアと1点で接する位置にある。

この時点では、投資家が認識しているリスクや期待収益率は、必ずしも皆同じとは限らない。したがって、各投資家にとってのMという効率的ポートフォリオも異なっている可能性がある。

ここで、さらに大きな仮定を加えると、次節の資本資産価格モデル（CAPM）が導出される。その仮定とは、すべての投資家が個々の投資案件の期待収益率、リスク（標準偏差）、相関係数の値に関して、同じ認識を持っているという前提である。

詳しい証明は省略するが、この前提の下では、すべての投資家が同一のポートフォリオMのみを保有することになり、市場における投資はその金額やリスクの大きさに関係なく、すべてポートフォリオMを保有する形で行われる。したがって、ポートフォリオMには、この世に存在するすべてのリスクのある投資案件が含まれることになる[注5]。

この仮定が加わった場合には、Mは市場ポートフォリオ（マーケット・ポートフォリオ）とも呼ばれる。この世に存在するすべてのリスクのある投資案件が含まれているMは、まさに市場そのものだからである。

ポートフォリオMの期待収益率（r_m）から、リスクフリー金利（r_f）を差し引いたものを、市場リスクプレミアム（またはマーケット・リスクプレミアム：〔$r_m - r_f$〕）と呼んでいる。市場リスクプレミアムは、「ファイナンスの格言その2・修正版」に基づき、リスクのない資産Fに比べて、高い分散不能リスクを持つ投資Mに投資する（ハイリスクの投資をする）ことによって、どれだけ高い期待リターンが得られるかを具体的に数値で示したものである。

[注5] 市場における投資案件（投資の供給）は、必ず誰かがその資金提供者（投資の需要）となっていて、需要と供給は等しくなっている。したがって、資金提供者が投資する際には、必ずポートフォリオMのみを求める（ポートフォリオMしか需要がない）のであれば、ポートフォリオMには供給されるすべての投資案件が含まれているはずである。

5-3 リスクフリー資産と資本資産価格モデル（CAPM）

すべての投資家がマーケット・ポートフォリオ M と、リスクフリー資産 F を組み合わせたポートフォリオのみに投資するという追加的前提の下で、個々の投資案件のリスクと期待リターンの関係を理論的に導いたモデルが、「資本資産価格モデル（CAPM: Capital Asset Pricing Model）」と呼ばれるものである[注6]。

このモデルの基本部分は、「ファイナンスの格言その2・修正版」で述べたように、分散不能リスクと期待リターンの間に、ローリスク・ローリターン、ハイリスク・ハイリターンの関係が成り立つことを示したものである。したがって直感的にもわかりやすく、株主資本の資本コストを求める計算式として、広く実務でも用いられている。

まずは、CAPM の式を以下で紹介したうえで、その詳細を説明していこう。

CAPM の式：$r_i = r_f + \beta_i \times (r_m - r_f)$
　　　　　　＝リスクフリー金利＋ベータ×市場リスクプレミアム
　　　　　　＝リスクフリー金利＋個別投資案件のリスクプレミアム

ただし、
個別投資案件の期待収益率：r_i
市場ポートフォリオの期待収益率：r_m
リスクフリー金利：r_f
（市場リスクプレミアム：$r_m - r_f$）
個別投資案件の分散不能リスク（市場リスク）の大きさの指標ベータ：β_i

[注6] CAPM は、1964〜1965 年にかけて、ウィリアム・フォーサイス・シャープ（W. F. Sharpe）とジョン・リントナー（J. Lintner）によって別々の論文で提唱された。「シャープ・リントナー型の CAPM」などとも呼ばれる。

個別投資案件の分散不能リスクの大きさの指標である$β_i$（個別投資案件の「ベータ」と呼ぶ）については以下で説明するが、CAPMの式を見ると、個別投資案件の期待収益率は、(1) リスクフリー金利と、その投資案件のリスクプレミアムの和となっており、(2) 個別投資案件のリスクプレミアムが、分散不能リスクの大きさを示すベータによって決まる、という2点が示されている。式の中の$(r_m - r_f)$、すなわち市場リスクプレミアムが一定の値だとすると、このベータが大きければ（分散不能リスクが大きければ）、より高い期待収益率が計算されることがわかる。

たとえば、ベータが2の投資においては、市場リスクプレミアムの2倍相当のリスクプレミアムがリスクフリー金利に加算されたものが、その投資案件の期待収益率となる。これは、「ファイナンスの格言その2・修正版」での、分散不能リスクベースでのローリスク・ローリターン、ハイリスク・ハイリターンの関係を示したものにほかならない。

それでは、ベータとはどのように計算された指標だろうか。それは、マーケット・ポートフォリオのリスクを1とした場合に、個別投資のリスクがどの程度市場リスクに貢献するかを示した指標である。

具体的には、個別投資案件のベータは、以下のように定義される。

$$β_i = \frac{ρ_{i,m} \times σ_i}{σ_m}$$

ただし、
個別投資案件の市場ポートフォリオとの収益率の相関係数：$ρ_{i,m}$
個別投資案件の収益率のリスク（標準偏差）：$σ_i$
市場ポートフォリオの収益率のリスク（標準偏差）：$σ_m$

ベータの定義式を、詳細に見てみよう。分子は、個別投資案件の全体のリスク（収益率の標準偏差）と、その投資案件の収益率と市場ポートフォリオの収益率の相関係数とをかけ合わせたものである。この数値は、個別投資案件の持

つ総リスクのうち、市場リスクと連動する部分を数値化したものである。この数値を、分母である市場ポートフォリオのリスクで割ったものが、ベータである。すなわち、ベータとは、個別投資案件のうち、分散不能リスク（＝市場ポートフォリオのリスクと連動するリスク）の部分が、市場ポートフォリオのリスクの何倍かということを示したものである。

　ベータが1よりも大きい（小さい）ということは、その投資案件の分散不能リスクが、市場ポートフォリオのリスクよりも大きい（小さい）ことを示している。ベータは、個別投資案件の市場ポートフォリオのリスク（収益率の変動）に対する感応度の指標とも呼ばれる。具体的には、ベータが1よりも大きい（小さい）資産の収益率は、市場ポートフォリオの収益率が1％変化したときに、平均すれば1％よりも大きく（小さく）変化する。分母の値に、個別投資案件と市場ポートフォリオの収益率の相関係数が含まれていることを思い起こせば、このことは理解できるだろう。

　ここで、ベータの特徴を理解するために、いくつか実際の数値を用いて計算してみよう。ここでは、仮に市場ポートフォリオの収益率のリスク（標準偏差）σ_m を、年率25％とする。

　まず、極端な例として、相関係数が1の場合を考えよう。この投資案件は完全に市場ポートフォリオと連動している（完全な正の相関にある）ため、その個別案件の投資のリスクのすべてが、市場リスクと考えてよい（市場ポートフォリオとの間で、リスク分散の効果はない）。この場合、その投資案件の収益率のリスク（標準偏差）が50％であれば、市場ポートフォリオのリスク（25％）の2倍の分散不能リスクを持っていると考えられる。この「2倍」という数値がベータである。実際、上記のベータの定義式から、この投資案件のベータは2と計算される。

　それでは、ある投資案件の収益率のリスク（標準偏差）が、上の例と同様に50％であるが、市場ポートフォリオの収益率との相関係数が0.5の場合を考えよう。この場合、その投資案件の総リスク（50％）のうち、分散不能なリスクは半分（25％＝0.5×50％）となり、市場ポートフォリオのリスクと同水準となる。ベータの定義式からは、この場合、この投資案件のベータは1となる。

以上のように、ベータは個別投資案件の総リスクに含まれる分散不能リスク（市場と連動するリスク）が、市場ポートフォリオのリスクの何倍であるかを示した数値である。したがって、同じ総リスク（標準偏差）を持つ投資案件でも、その投資案件の収益率の変動が、市場ポートフォリオの収益率の変動と相関が弱い（相関係数が小さい、上記の0.5のケースを参照）場合には、分散不能リスクは小さくなり、ベータも小さくなる。言い換えれば、このような投資は、分散可能なリスク（固有リスク）の比率が高く、分散投資を前提にすれば、実質的にはさほどリスク（＝分散不能リスク）の高い案件ではないということになる。

　別の極端な例として、相関係数が0の場合（市場ポートフォリオと無相関の場合）を考えてみれば、分散不能リスクはゼロとなり、ベータもゼロと計算される。この場合、十分に分散投資している投資家にとっては、この投資案件の総リスクはすべて分散投資効果によって消えてしまい、存在しないのと同じだと考えられることになる。このような場合には、実際にその投資の総リスクがプラスの値であったとしても、「ファイナンスの格言その2・修正版」によれば、その投資から得られるリスクプレミアムはゼロ（すなわち、その投資の期待収益率は、リスクフリー金利と等しい）ということになる。

　以上、見てきたことを箇条書きでまとめよう。

1. CAPMによって計算される個別投資案件の期待収益率は、（リスクフリー金利）＋（個別投資案件のリスクプレミアム）の形で計算される。
2. CAPMによって計算される個別投資案件のリスクプレミアムは、市場リスクプレミアム（$r_m - r_f$）を基準として、それにベータをかけることで求められる。
3. CAPMが成立するためには、以下の2つの仮定が必要である。(1) すべての投資家は、期待収益率、リスク（標準偏差）、相関係数について同じ情報を共有している。(2) すべての投資家は、その共有する情報に基づいて、あるリスクを取った場合に、もっとも高い期待収益率が得られるように最適化された効率的フロンティア上の1点である市場ポートフォリ

オと、リスクフリー資産という2つの資産の組み合わせのみで投資を行う。
4. CAPMで用いるベータは、個別投資案件の総リスク（標準偏差）のうち、市場ポートフォリオと連動している分散不能リスクの大きさが、市場ポートフォリオのリスク（標準偏差）の何倍になっているかを示したものであり、個別投資案件の分散不能リスクの大きさの尺度である。同時に、ベータは、市場ポートフォリオの収益率が1％変化したときに、当該資産の期待収益率が、平均すればその何倍（何％）変動するかを示している。
5. CAPMによって計算される個別投資案件のリスクプレミアムは、分散不能リスクの指標であるベータが大きいほど高い数値となり、ハイリスク・ハイリターンの原則（ファイナンスの格言その2・修正版）と合致する。

以上、本章では、ポートフォリオ投資によるリスク分散により構築される効率的ポートフォリオの概念、リスクフリー資産の存在する場合の投資ポートフォリオとしてのマーケット・ポートフォリオとリスク資産との間での分散投資、そして、マーケット・ポートフォリオを全投資家が保有するとした場合における個別投資案件の期待収益率を求めるモデルとしての資本資産価格モデル（CAPM）といった内容を説明してきた。

CAPMを実務に用いる場合には、その式の中に含まれる要素である、(1) リスクフリー金利、(2) 市場リスクプレミアム、(3) 個別投資案件のベータ、という3つを具体的に決定しなければならない。実際の資本コストの計算においてCAPMがどのような場面で用いられているのか、また上記の3つの要素がどのように決定されるのかの詳細は、次章以降で説明する。

復習問題

Q. 5-1

図表5-1で示した資産7と資産8に加えて、次のような期待収益率、リスク（標準偏差）、相関係数を持った資産9があるとする。なお、資産9の期待リターン：3％、リスク（標準偏差）：25％、資産7の収益率との相関係数：0.4、資産8の収益率との相関係数：0.4、である。このとき、資産7、資産8、資産9の投資比率を、それぞれ20％：20％：60％とした場合、30％：30％：40％とした場合、80％：10％：10％とした場合の3ケースについて、ポートフォリオの期待リターンとリスク（標準偏差）を求めてみよう。

Q. 5-2

上記Q.5-1の資産7、資産8、資産9の3つによって、最小分散ポートフォリオ（リスクがもっとも小さいポートフォリオ）となるのは、3つの資産への投資比率をどのように組み合わせたときだろうか。

ヒント：この計算は、Microsoft Excelのソルバー機能を使う必要がある。

Q. 5-3

（シャープ・リントナー型の）CAPMが成立している世界で、マーケット・ポートフォリオの期待収益率（r_m）が6％、リスク（標準偏差：σ_m）が30％とわかっている。また、リスクフリー金利（r_f）は1％である。いま、資産（資産10としよう）のリスク（標準偏差）が60％、その資産の収益率のマーケット・ポートフォリオ収益率との相関係数が0.4だとする。この場合のこの資産のベータと期待収益率を求めよう。

Q. 5-4

仮に、上記の資産10の期待収益率が、実際にはQ.5-3で（CAPMを用い

て）計算されたものよりも大きかった場合には、どのようなことが起きうるか、考えてみよう。

解答は143ページ→

第6章

資本政策と資本コスト①
完全資本市場での理論

前章では、効率的ポートフォリオとリスクフリー資産を組み合わせると、すべての投資家にとって効率的ポートフォリオ中の唯一のポートフォリオ（接点ポートフォリオ＝マーケット・ポートフォリオ）と、リスクフリー資産の組み合わせのみに投資すべきであること、そして、この前提の下で、個々の投資案件のリスクと期待リターンの関係を理論的に説明するモデルとして、資本資産価格モデル（CAPM）が導かれることを説明した。CAPMの基本部分は、「ベータ」という形で指標化された分散不能リスクと期待リターンの間に、ローリスク・ローリターン、ハイリスク・ハイリターンの関係が成り立つという考え方で理解できることも説明した。

それでは、このCAPMが、実際の企業価値評価においてどのように用いられるのだろうか。これを理解するための第一歩として、本章では、企業の資本政策（負債と株主資本の構成に関する政策）について考える。なお、企業の資本政策は、企業全体の資本コストに影響を与える。CAPMで資本コストを計算する際には、このことを意識する必要がある。

6-1 MM命題と完全資本市場
―資本政策を考えるうえでの出発点―

企業の資本政策は、企業全体の価値にどのような影響を与えるのか。

これは、コーポレート・ファイナンス理論における中心的研究テーマとして、古くから議論されてきた。端的に言えば、企業においては、その価値を最大化するという意味でもっとも優れていると思われる負債と株主資本の調達比率をいかにして選択するか、という「最適資本構成」の問題について考えるのが、その議論の中心である。

この点について、1958年に「完全資本市場」という極めて限定的な仮定の下で、資本構成は企業価値に影響を与えないという命題を提示し、最適資本構成に関する理論の礎を築いたのは、フランコ・モジリアーニとマートン・ミラーという2人の経済学者だった。本章では、両者の姓の頭文字をとって、MM命題（またはMM理論）と一般に呼ばれるこの考え方について説明する。

MM命題には、以下に説明するように、第1命題と第2命題が存在し、完全資本市場の前提の下、まず第1命題において、資本構成と企業価値の無関係性が示され、その後、第2命題において、借入れが株式の期待収益率に与える影響が示される。現実の社会では、MM命題の完全資本市場において想定されている前提の多く（たとえば、税が存在しないこと）は成立しない。にもかかわらず、MM命題は、いまでも資本政策や最適資本構成を考えるうえでのスタート地点として、コーポレート・ファイナンス理論を学ぶ際には、必ず最初に出てくる項目である。

　このことを不可解に思う読者もいるかと思うが、MM命題の「完全資本市場」という前提は、科学実験の際に用いられる「無菌室」のような特殊な実験装置と考えればよいのではないか、と筆者は考えている。雑菌の多い通常の部屋では、さまざまな他の菌からの影響が複雑に作用し、実際の結果に何が影響したのかがわかりにくい。そこで、無菌室の中で特定の細菌（資本政策に相当する）のみを持ち込んで実験を行えば、その細菌の影響をより確実に理解することができる。こうした無菌室での実験の後に、現実の空気（社会）の条件に少しずつ近づけて（完全資本市場の前提を少しずつ緩和して）いけば、実際の社会でその細菌（資本政策）が、他の菌（経済要素）との相互作用の中で、どのような結果をもたらすかについても段階づけて理解することが可能になるはずだ。

　それでは、MM命題で想定されている完全資本市場においては、どのような前提が置かれているのだろうか。以下、箇条書きで記述する。

1. 企業や企業への資金提供者（投資家）が、負債（債券）や株式といった証券を発行、もしくは市場で取引する際の価格は、その証券を保有していると将来得られるキャッシュフローの現在価値に等しい。
2. 証券の取引にかかる税、取引コスト、証券の発行費用は存在しない。
3. 投資家は、企業と同じ金利で負債（債券）を発行し、借入れを行うことができる。
4. 企業の営業活動から得られるキャッシュフローについての情報は、あらか

じめ企業や投資家によって共有されており、企業経営者と投資家の間に情報量の差（「情報の非対称性」）は存在しない。
5. 企業の資本構成の選択の意思決定によって、企業活動から得られるキャッシュフローに影響を与えることはない（たとえば、仮に企業が倒産のリスクに直面したとしても、企業は従来通りの企業活動を行い、従来通りのキャッシュフローを生み続ける）。また、企業の資本構成選択の意思決定自体に、キャッシュフローに関する追加的な情報を含むこともない。
6. 法人税は存在しない（この前提は、この後最初に緩和される）。

6-2 MMの第1命題：企業の資本構成と企業全体の価値の関係

こうした前提の下で、企業の資本構成と企業全体の価値との関係を示したものが、MMの第1命題である。

MMの第1命題

完全資本市場において、企業の資本構成は、企業全体の価値に影響を与えない。

本書では、この命題の証明を詳細には紹介しないが、以下では、簡単な事例でその考え方のエッセンスを紹介する。

この命題を理解するうえでカギとなる考え方は、経済学の基本で学ぶ「一物一価の法則」である。これは、簡単に言えば「（完全資本市場においては）ある時点における同一の財・サービスの価格は一つしか成立しえないという法則」であり、ファイナンス理論においても、この法則が成立することを前提に、いろいろな証券や金融商品の価格が導き出されている[注1]。以下では、簡単な例を示して、この一物一価の法則が、MMの第1命題にどのようにつながるのか

図表6-1 MMの第1命題の事例（借入れのない企業とある企業）

企業の資本構成	事業からのCF	負債へのCF	株主資本へのCF	10％の負債保有者へのCF	10％の株主資本保有者へのCF	10％の負債+10％の株主資本保有者へのCF	10％の負債の価値	10％の株主資本の価値
100％株主資本	100	該当なし	100	該当なし	10	10	該当なし	100
500万円の負債@5％	100	25	75	2.5	7.5	10	50	50

を説明していこう。

　いま、毎年100万円のキャッシュフロー（CF）を永久に生み出すと期待され[注2]、100％株主資本のみで資金調達している（借入れなどの負債がない）企業があると仮定しよう。この企業のキャッシュフローの現在の期待収益率（割引率）は10％であり、企業の株式の総価値は1,000万円となっている。この企業が金利5％で500万円の借入れをし、その借入金を原資に自社株買いして、借入れと株主資本の比率を50％対50％にしたとしよう。この企業の株主資本や企業全体の価値には、どのような影響があるだろうか。

　このことを理解するために、図表6-1を用いて、当該企業の株主資本、負債の双方に10％ずつ投資した場合を考え、そこから、企業の資本構成の変化が企業価値にどのような影響を与えるかを説明する。

[注1] この法則が崩れて、同じキャッシュフローを生むにもかかわらず、市場での価格が同一ではない異なる金融商品が存在する場合、割高なものを売却し、割安なものを購入することで利益を得ようとする「裁定取引者（arbitrager）」が多数現われることによって、結果的に法則が成立する方向へと価格が修正され、このような状態は長続きしない、と考えるのが、ファイナンス理論における一般的な考え方である（無裁定の考え方）。

[注2] 「期待される」とは、毎年のキャッシュフローの金額について変動はあるものの、平均的に見ると100万円が生み出されることを意味する。毎年100万円のキャッシュフローが確実に生み出されるというわけではない。

まず、企業に借入れのない状態では、株主資本の10％に投資している投資家（10％の持分の株主）は、毎年10万円の企業のキャッシュフローを保有している形になる。そして、企業全体の価値が1,000万円なので、その10％の価値は100万円である（図表6-1で右端部分の上の行）。

　企業が借入れした後は、どうなるだろうか。ここで重要なのは、MM命題の前提となっている完全資本市場においては、「企業の資本構成の選択の意思決定によって、企業活動から得られるキャッシュフローに影響を与えることはない（前述の前提5）」とされていることである。したがって、この企業は借入れのない状態でも、ある状態でも、毎年100万円のキャッシュフローを永久に生み出すと期待されることに変わりはない。

　さて、投資家は、この企業の負債の10％を保有し、その価値は50万円（＝負債総額5,000,000円×10％持分）である。また、この負債からは金利5％で、毎年2.5万円（＝負債総額5,000,000円×金利5％×10％持分）のキャッシュフローが得られる（図表6-1の下段「2.5」の部分）。

　借入れ後の株主資本から得られるキャッシュフローは、どうだろうか。この企業の事業は、毎年100万円のキャッシュフローを生み出すが、そのうち25万円（＝負債総額500万円×金利5％）は負債金利として支払われる。したがって、株主資本の提供者のものとなるキャッシュフロー総額は75万円（＝1,000,000円－250,000円）であり、10％の株主資本を保有する投資家（株主）のキャッシュフローは7.5万円（＝750,000円×10％持分）となる。

　それでは、この株主資本10％の価値は、どのように計算されるだろうか。ここでポイントとなるのは、経済学でいう「一物一価の法則」の考え方である。企業が借入れをする前後において、この投資家が株主資本と負債の合計から得られるキャッシュフローを考えると、企業に借入れのない状態では上述のように10万円、企業に借入れのある状態でも10万円（＝負債からの2.5万円＋株主資本からの7.5万円）となっている（図表6-1で斜線部分）。

　このように、投資家にとっては、株主資本と負債を合算すれば、企業が借入れする前でも後でも、同じ10万円のキャッシュフローが得られる投資商品を保

有しているわけだから、一物一価の法則が成り立っていれば、その合算価値も等しいはずである。つまり、企業に負債がない場合の株主価値が100万円だったのだから、企業に負債がある場合の負債と株主資本の合算価値も100万円となるはずである。したがって、企業に負債がある場合の、10％の株主資本持分の価値は50万円（＝1,000,000円－負債の10％持分価値500,000円、図表6-1で右端部分の下の行）と逆算され、株主資本の総額は500万円（＝500,000円÷10％）と計算される。

すなわち、一物一価の法則が成り立つことを前提にすれば、借入れのある企業の価値は、借入れのない企業と同じ1,000万円（ただし、負債5,000,000円＋株主資本5,000,000円という内訳）となるはずだ、ということである。

ここまでの簡単な事例で、企業の資本構成は企業全体の価値（この事例では1,000万円）に影響を与えないという、MMの第1命題の考え方を説明した。このMMの第1命題は、ファイナンス理論において、以下のようなたとえ話を用いて解説されることもある。

「ピザがあるとする。このピザをどのような形に切り分けようとも、その切り分けられた部分をすべて集めれば元の大きさになり、ピザ全体の大きさには変わりはない」。ここで「ピザを切り分けた物」とは、企業が生み出すキャッシュフローを複数の異なる証券（上記では負債と株主資本）に配分する仕組みのことを指す。仮にキャッシュフローを複数の証券（ピザ）に切り分けたとしても、企業の生み出すキャッシュフローの総額（ピザの大きさ）は変わらないのである。

6-3 MMの第2命題：借入れと株主の期待収益率の関係

企業が借入れを行うことを、「レバレッジをかける」と呼ぶことがある。「レバレッジ」とは、借入れをすることによって、自己資金以上の資金を動かして、自己資金の収益率を高めようとする行為であり、物理における梃子（英語では"lever"）の原理が語源とされている。

図表6-2　MMの第2命題の事例（借入れのない企業とある企業）

企業の資本構成	事業からのCF	負債へのCF	株主資本へのCF	株主資本の総価値	負債の総価値	株主資本の期待収益率
100％株主資本	100	該当なし	100	1,000	該当なし	10％
500万円の負債@5％	100	25	75	500	500	15％

　MMの第2命題は、第1命題と同じ完全資本市場の前提の下で、企業のレバレッジと株主資本の期待収益率（株主資本の資本コスト）との関係を示したものである。実は、このことはすでに**図表6-1**の事例でも見られているのだが、**図表6-2**で整理しておこう（なお、第2章で説明した通り、「期待収益率」と「資本コスト」は同一のものを示す表現である。以下では適宜、互換的に用いる）。

　MMの第1命題から、この企業の借入れ後の企業価値は借入れ前と同様の1,000万円で、資本構成としては、負債が500万円、株主資本が500万円となっている。一方で、**図表6-2**の下の行に見る通り、借入れのある企業では、負債へのキャッシュフローは毎年25万円、株主資本へのキャッシュフローは毎年75万円である。したがって、毎年の期待収益率は、負債は5％（＝250,000円÷5,000,000円）、株主資本は15％（＝750,000円÷5,000,000円）となっている（図表6-2の斜線部分下の行）。借入れのないときの株主資本の期待収益率は10％だったので、借入れのある企業の株主資本の期待収益率は、それより上昇していることがわかる。

　なお、念のため確認しておくと、負債の期待収益率は借入金利と同じである。借入れのある企業の調達は、5％の期待収益率の負債が50％、15％の期待収益率の株主資本が50％なので、企業全体の平均的な期待収益率（資本コスト）は、10％（＝5％×0.5＋15％×0.5）となっている。この10％は、とりもなおさず、企業全体が稼ぎ出す期待キャッシュフロー（100万円）の、企業総価値（1,000万円）に対する収益率にほかならない。

　以上のような簡単な事例でもわかる通り、企業の株主資本の資本コスト（＝

期待収益率）は、借入れ（レバレッジ）によって上昇する。このことを関係式で示したのが、MMの第2命題である。

> **MMの第2命題**
>
> 　完全資本市場において、借入れのある企業（レバレッジのある企業）の株主資本の期待収益率（$r_{E,L}$）と、この企業と同じキャッシュフローを生み、借入れのない（レバレッジのない＝アンレバーな）企業の株主資本の期待収益率（$r_{E,U}$）の間には、負債の時価総額を D、負債の期待収益（r_D）を、株主資本の時価総額を E とすると、以下のような関係が成り立つ。
>
> $$r_{E,L} = r_{E,U} + \frac{D}{E}\left(r_{E,U} - r_D\right)$$

これを上記の例で示せば、$r_{E,U}=10\%$、$r_D=5\%$、$D=E=500$万円だったので、

$$r_{E,L} = 10\% + \frac{500\text{万円}}{500\text{万円}} \times (10\% - 5\%) = 15\%$$

となり、実際に計算された株主資本の期待収益率である15％に合致する。

　なお、**図表6-3**に示すような（時価ベースの）貸借対照表をイメージすればわかるが、借入れのない企業の株主資本（貸借対照表の右側のすべて）の収益率（$r_{E,U}$）は、企業の資産全体（貸借対照表の左側のすべて）の収益率（r_A）に必ず等しくなる。したがって、MMの第2命題は、以下のようにも記すことができる。

図表6-3 （時価ベースの）貸借対照表と MM の第２命題のイメージ

［企業の総資産 (A) ／ 借入れのない企業の株主資本 (E_U)］
企業の総資産 (A)：期待収益率：r_A、市場リスク：β_A
借入れのない企業の株主資本 (E_U)：期待収益率：$r_{E,U}$、市場リスク：$\beta_{E,U}$

［企業の総資産 (A) ／ 負債 (D)・借入れのある企業の株主資本 (E_L)］
企業の総資産 (A)：期待収益率：r_A、市場リスク：β_A
負債 (D)：期待収益率：r_D、市場リスク：β_D
借入れのある企業の株主資本 (E_L)：期待収益率：$r_{E,L}$、市場リスク：$\beta_{E,L}$

$$r_{E,L} = r_A + \frac{D}{E}(r_A - r_D)$$

　最後に、企業価値評価の実務上からは、前章で説明した CAPM（資本資産価格モデル）によって資本コストを求める際に必要な、企業の資産や株主資本の市場リスク指標であるベータについても、オリジナルの MM の第２命題と同様の関係が成り立つことを説明しておく[注3]。

$$\beta_{E,L} = \beta_{E,U} + \frac{D}{E}(\beta_{E,U} - \beta_D) = \beta_A + \frac{D}{E}(\beta_A - \beta_D)$$

　なお、$\beta_{E,U}$、$\beta_{E,L}$、β_D は、それぞれ借入れのない企業の株主資本のベータ、借入れのある企業の株主資本のベータ、負債のベータを示している。

[注3] CAPM は、歴史的に見て、MM 命題の提唱より後の時点で提唱されたモデルなので、オリジナルの MM 命題にはこのような関係式はない。ただし、MM の第２命題の式が、CAPM におけるベータについても同じように適用できることは簡単に証明できる。

図表6-4 （時価ベースの）貸借対照表と加重平均資本コストのイメージ

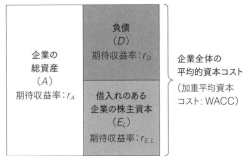

上記の式は、実務上は、レバード・ベータ（買入のある企業のベータ）とアンレバード・ベータ（借入れのない企業のベータ）の関係式として、企業価値の実務において広く用いられている式の基礎となるものである。この点については、完全資本市場ではなく、税のある世界において、どのように修正が加えられるべきかを含めて、のちに詳しく紹介する。

6-4 企業の資本構成と企業の平均的な資本コスト（WACC）

MM命題の完全資本市場の前提から、税のある世界へと話を進める前に、MMの第2命題に関係して、コーポレート・ファイナンス理論において重要な概念を説明しておこう。それは、「加重平均資本コスト（WACC: Weighted Average Cost of Capital）」である。このことについて、以下では図表6-3を基に、加重平均資本コストの概念を加筆した図表6-4で説明する。

図表6-4の左側のように、企業が株主資本だけで調達している状況では、借入れのない企業の企業全体での資本コスト（$WACC_U$）とは、（借入れのない）株主資本の資本コスト（期待収益率：$r_{E,U}$）にほかならない。また、企業全体

で貸借対照表の左右の合計は同じになる（「バランスしている」）ことから、企業の総資産の期待収益率（r_A）とも等しくなる。

借入れのない企業の $WACC_U = r_{E,U} = r_A$

借入れのある企業では、企業全体の資本コストを考える際には、企業の資本構成に応じて平均的な数値を求める必要がある。これが、加重平均資本コスト（WACC）である。

加重平均とは、ある基準に基づいて平均を作成することで、この場合の基準は、資本構成における負債と株主資本の企業全体に占める時価ベースの構成比である。負債と株主資本の構成比を、それぞれの期待収益率（資本コスト）にかけ合わせれば、WACCが求められる。具体的には、企業の総資産の時価をA（ただし、$A = D + E$）、負債の時価をD、株主資本の残高をE_Lとすれば、以下のように計算される。

借入れのある企業の $WACC_L$
$$= \frac{D}{A} \times r_D + \frac{E_L}{A} \times r_{E,L} = \frac{D}{D+E_L} \times r_D + \frac{E_L}{D+E_L} \times r_{E,L}$$

借入れのある企業の加重平均資本コスト（$WACC_L$）は、借入れのない企業の加重平均資本コスト（$WACC_U$）と同様、企業全体で貸借対照表の左右がバランスしていることから、企業の総資産の期待収益率（r_A）とも等しくなる。

借入れのある企業の $WACC_L$
$$= \frac{D}{A} \times r_D + \frac{E_L}{A} \times r_{E,L} = \frac{D}{D+E_L} \times r_D + \frac{E_L}{D+E_L} \times r_{E,L} = r_A$$

MM命題の前提となる完全資本市場においては、冒頭の前提5において、

図表6-5 借入れのある企業の負債コスト、株主資本コスト、WACCの関係

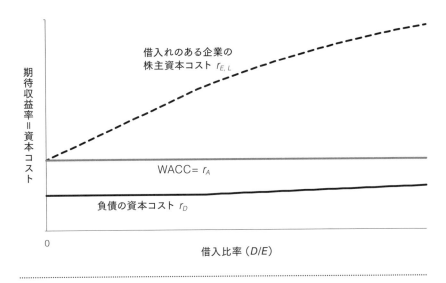

「企業の資本構成の選択の意思決定によって、企業活動から得られるキャッシュフローに影響を与えることはない」とされている。したがって、借入れの有無に関係なく、企業の総資産の期待収益率（r_A）は常に一定である。企業のWACCもまた、資本構成に関係なく一定となる。

借入れのない企業の $WACC_U = r_{E,U} = r_A =$ 借入れのある企業の $WACC_L$

このことをグラフで示したのが図表6-5である。グラフでは、横軸に企業のレバレッジ（借入比率：D/Eと定義）、縦軸に期待収益率＝資本コストが示されている。レバレッジ（借入比率）が上昇するにつれて株主資本コストは上昇するが、WACCは不変である。このことは、仮にレバレッジが上昇して、負債の資本コストが上昇し始めた（借入金利の条件がより厳しくなった）としても、変わることはない。

MMの完全資本市場においては、資本構成は企業の本業に影響を与えないので、企業の総資産の収益率は変化しない。結果として（貸借対照表上の左右でバランスする関係にある）WACCも一定になるのである。

　本章ではここまで、資本政策が企業価値に与える影響について、完全資本市場という極めて限定的な前提の下で、資本構成が企業価値に影響を与えないこと（MMの第1命題）、そして、借入れのある企業の株主資本コストやリスク（ベータ）は、借入比率（レバレッジ）の上昇につれて増加すること（MMの第2命題）を説明した。

　繰り返しになるが、MMの完全資本市場は、現実世界では成立しない「無菌室」である。そこで次章以降では、現実社会に近づけるために、完全資本市場の前提のいくつかの項目が成立しないことによって、具体的にどのような変化が起きるかを考察する。具体的には、法人税の存在、倒産等で企業が財務的に困難な状況に追い込まれた場合に従来の企業経営が続けられなくなるコスト、投資家と経営者の間の情報の非対称性などの影響を考えていく。

復習問題

Q.6-1

MM命題の完全資本市場の前提が成立している世界に、総資産の時価が100億円、期待収益率が年率6％の企業A社があって、現状株主資本だけで資金調達している。この企業がいま、資本構成を（負債）社債50％、株主資本50％に変更したいと思っている。この場合、どのような取引をすれば、この状況が達成されるか考えてみよう。

Q.6-2

Q.6-1における取引が完了した結果、A社の資金調達は、50億円の社債（資本コスト2％）と50億円の株主資本で行われることとなった。資本構成変更取引の完了前、完了後の株主資本コスト（期待収益率）は、それぞれいくらと計算されるだろうか。

Q.6-3

Q.6-1のA社の総資産のリスク（CAPMのベータ）は1であった。資本構成変更取引の完了前、完了後の株主資本のリスク（ベータ）は、それぞれいくらと計算されるだろうか。ただし、A社の社債のリスク（ベータ）は、0.2とする。

Q.6-4

Q.6-1と同じような手順で、A社の資金調達が、75億円の社債（資本コスト3％、ベータ0.4）と、25億円の株主資本で行われることとなった場合、資本構成変更取引の完了後の株主資本の資本コストとリスク（ベータ）を、同様に求めてみよう。

解答は144ページ

第7章

資本政策と資本コスト②
完全資本市場の前提の緩和

前章では、資本政策が企業価値に与える影響について、完全資本市場の前提の下では、資本構成が企業価値に影響を与えないこと（MMの第1命題）、および、借入れのある企業の株主資本コストは、借入比率（レバレッジ）の上昇につれて増加すること（MMの第2命題）を説明した。

　前章でも述べた通り、MMの完全資本市場の前提は、現実世界では成立しない「無菌室」である。そこで本章では、現実社会に近づけるために、完全資本市場の前提のいくつかの項目が成立しない（前提が緩和される）ことによって、具体的にどのような変化が起きるかを考察する。

　まず、税の存在、特に法人税の課税所得の計算において、支払利息が経費として控除されること（前章に列記した完全資本市場の前提6）の影響を考える。次に、企業が借入れを増やしすぎることの弊害として生じる「財務的困難（financial distress）」と、それに伴うコストについて考察する。そして、財務的困難が生じると、完全資本市場の前提5（資本構成は、企業のキャッシュフローに影響与えない）が成立しなくなる可能性が高いこと、それに加えて前提4（情報の対称性）が成立しないことで、資本構成の問題がさらに複雑になることも説明する。

7-1　法人税の存在と負債金利の節税効果の影響

　法人税が存在する場合、企業が事業によって稼ぎ出したキャッシュフローの一部は、法人税として支払うことになる。

　まず、前章の図表6-1と6-2で掲げた企業について、たとえば法人税が存在する場合に、どのような変化が起こるかを考えてみよう。その結果をまとめたのが図表7-1である。

　なお、以下で事例として示す企業は、法人税が存在している場合においても、法人税が存在しない場合と同様の事業を行い、そこから毎年100万円のキャッシュフローを、永久に生み出すと仮定している。また、企業の毎年の営業利益は、事業からのキャッシュフローと等しく100万円、法人税率は30％で、支払

図表7-1　法人税のある世界での借入れのない企業とある企業の事例
（法人税率：30％の場合）

企業の資本構成	事業からの法人税引前CF	負債へのCF（金利）	支払法人税のCF（税率@30%）	株主資本へのCF	負債と株主資本へのCF合計	負債金利による節税効果
100%株主資本	100	該当なし	30	70	70	0
500万円の負債@5%	100	25	22.5	52.5	77.5	7.5

金利は経費として計上できると仮定している[注1]。

　法人税が存在してない場合（**図表6-1**）と比べた場合の違いは、企業が株主資本のみで資金調達しているとき、事業からのキャッシュフロー100万円（＝100万円の営業利益）について、法人税30万円（＝1,000,000円×30％）が課税される。その結果、株主資本提供者へのキャッシュフローは、法人税を差し引いて毎年70万円（＝1,000,000円－300,000円）となる。

　これに対して、仮にその企業が500万円、金利5％の負債による資金調達を行っている場合を考えてみよう。この場合、負債の提供者に25万円のキャッシュフロー（＝5,000,000円×5％）が支払われることは、法人税のない世界と同じである。

　違いが出るのは、株主資本提供者へのキャッシュフローである。この場合、負債提供者に支払った25万円は、費用として法人税の課税所得から控除される。その結果、負債のある企業の法人税は22.5万円（＝〔1,000,000円－250,000円〕×30％）となる。株主資本の提供者には、企業が法人税と負債提供者への支払いを済ませた後のキャッシュフローが支払われるので、株主資本の提供者のキャッシュフローは52.5万円（＝1,000,000円－250,000円－

[注1] 支払利息を法人の課税所得計算上の経費とする制度は、日本をはじめ諸外国でも広く見られる。

図表7-2 法人税が存在しない場合と存在する場合の借入れのない企業の企業価値

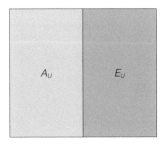
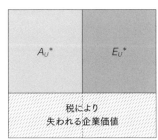

225,000円）となる。

　企業が、株主資本だけで資金調達している場合と、負債500万円と株主資本で資金調達している場合を比べると、企業が資金提供者（資金調達元）に支払ったキャッシュフローの合計は、前者の場合70万円、後者の場合77.5万円（＝250,000円＋525,000円）で、後者のほうが7.5万円多い。一方で、企業が支払った法人税は、前者は30万円、後者は22.5万円と、後者のほうが7.5万円少ない。

　このように、負債で資金調達していることで、負債金利が費用算入され課税所得が減少し、法人税が減少することを「負債の節税効果」という。この例では、節税効果の金額は毎年7.5万円ということになる。

　ここまで、前章の完全資本市場の6つの前提の1つである、法人税が存在しないこと（前提6）が成立しない場合には、負債の節税効果によって、資本構成が変化すると、企業の資金調達元に支払われるキャッシュフローにも変化が見られることを説明した。それでは、このことが企業価値にはどのような影響を与えるのだろうか。以下では、もう少し理論的に考えてみよう。

　図表7-2は、借入れのない企業において、法人税が存在しない場合（MMの世界）と法人税が存在する場合で、企業価値がどのように変化するかのイメー

ジを示したものである。なお以下では、単純化のために借入れがない企業では、稼ぎ出したキャッシュフローに法人税率を乗じた金額を、税として支払うと仮定している。

図表7-2の左側に示した税のない世界（MMの世界）においては、企業が稼ぎ出したキャッシュフローは、そのまま企業価値として認識されている。企業の総資産価値は A_U であり、借入れがないので、これは株主価値（E_U）と等しい。ところが、その企業が従来と同じキャッシュフローを稼ぎ出したとしても、法人税がある場合には、キャッシュフローの一部が税として差し引かれてしまうので、企業の総資産価値は、税がない場合よりも小さくなる。

この差額は、借入れのない企業が今後支払う法人税の現在価値に等しい。税のある世界で、この企業の総資産価値を A_U^*、株主価値を E_U^* とすると、以下の関係が成り立つ。

$A_U^* = A_U -$ 借入れのない企業の支払う法人税の現在価値の総和（借入れのない企業の税により失われる企業価値）

$ = E_U^* = E_U -$ 借入れのない企業の支払う法人税の現在価値の総和（借入れのない企業の税により失われる企業価値）

ここで注意すべきは、税のある世界で「企業価値」という場合、それは、法人税を支払う前の企業のキャッシュフローに基づき計算される A_U ではなく、法人税支払後のキャッシュフローに基づき計算される A_U^* を示していることである。すなわち、我々が通常、企業価値という場合には、あくまでも法人税を支払ったあとに企業の手元に残るキャッシュフローをベースにした価値を考えている。

すでに見たように、MMの完全資本市場においては、資本構成は企業価値に影響を与えなかった。では、法人税のある世界でも、このような関係が成立するだろうか。

結論から言えば、法人税のある世界では、借入れのある企業の価値のほうが、借入れのない企業の価値よりも大きくなる。両者に差が出る理由は、負債の調

図表7-3 法人税が存在しない場合の企業価値と、法人税が存在する場合の借入れのない企業とある企業の企業価値

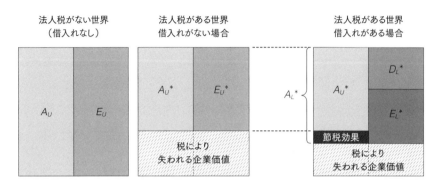

達に伴い発生する支払利息が、法人税の課税所得の計算において、経費として控除されることから生じる節税効果（tax shield）にある。

支払利息が課税所得から控除されることの影響は、借入れのある企業の場合、企業が稼ぎ出したキャッシュフローから差し引かれる税額が、借入れのない企業に比べて少なくなることである。したがって、企業の手元に残るキャッシュフローは、より大きくなり、結果として企業価値もより大きくなる。

このことを、**図表7-3**で確認しよう。**図表7-3**では、**図表7-2**で見た法人税がない世界とある世界において、借入れがない企業の総資産価値を示すとともに、法人税がある世界において、借入れがない企業とある企業の総資産価値も示している。

法人税がある世界において、借入れのない企業の総資産価値（A_U^*）と借入れのある企業の総資産価値（A_L^*）との差は、支払金利の節税効果によって法人税が少なくなることで、税により失われる企業価値（斜線で表示）が少なくなることに由来する。具体的には、以下の式で表わすことができる。

$$A_L^* = A_U^* + 支払金利の節税効果の現在価値の総和$$

また、税のない世界における企業価値との比較では、以下のように表される。

$$A_L^* = A_U^* - \text{借入れのない企業の支払う法人税の現在価値の総和}$$
$$+ \text{支払金利の節税効果の現在価値の総和}$$
$$= A_U - \underset{\cdot\cdot}{\text{借入れのある}}\text{企業の支払う法人税の現在価値の総和（借入れ}$$
$$\underset{\cdot\cdot}{\text{のある}}\text{企業の税により失われる企業価値）}$$

それでは、この節税効果の現在価値とは、具体的にどのように計算するのだろうか。ここでは、企業の借入れの残高が、将来にわたって一定である場合を考える。現在の負債の残高が D、負債の資本コストが r_D、法人税率が t_C という、簡単な事例で説明しよう。

将来にわたって借入残高、負債の資本コスト、法人税率が変わらないと仮定すると、毎年の支払金利から発生する節税効果の金額は、$D \times r_D \times t_C$ と計算される。この金額が今後毎年、将来にわたって発生するので、その現在価値の合計は、この節税効果の割引率（資本コスト）が r_D と仮定すれば、永久債の割引公式を用いて、以下のように計算される。

$$\text{支払金利の節税効果の現在価値の和} = \frac{D \times r_D \times t_C}{r_D} = D \times t_C$$

この場合、借入れのない企業の総資産価値（A_U^*）と借入れのある企業の総資産価値（A_L^*）との関係は、以下の式で表わされる[注2]。

$$A_L^* = A_U^* + D \times t_C$$

[注2] もちろん、実際の負債の残高が将来一定であるというのは、必ずしも現実的な仮定ではない。この部分を資本政策との関係でどのように扱うかは、後の章であらためて説明する。

以上のように、法人税のある世界においては、借入れのある企業の場合、同一のキャッシュフローを生み出す借入れのない企業に比べて、企業価値（企業の総資産価値）が節税効果の現在価値分だけ大きくなることがわかる。そして、上記のように負債残高が変化しないという前提の下では、ここまでの議論だけからいえば、負債残高（D）が大きいほど節税効果（$D \times t_C$）も大きくなり、企業価値が大きくなることになる。

　それでは、企業は負債をひたすら増やしていけば企業価値を増大させ続けられる、ということになるのだろうか。この点については、次節で説明するように、負債による財務的困難のコストを加味して考えることで、負債の増加に一定の歯止めがかかることになる。

7-2 負債の活用と財務的困難のコスト

　MMの完全資本市場の前提のうち、法人税が存在しないという前提6が成立せずに法人税の存在する世界では、企業にとって負債の導入は、金利の節税効果の現在価値分だけ企業価値がプラスになるメリットがある。しかしながら、完全資本市場の前提のうち他の項目も成立しない場合には、負債にはデメリットも生じる。具体的には、前提5の「企業の資本構成の選択の意思決定によって、企業活動から得られるキャッシュフローに影響を与えることはない。また、企業の資本構成選択の意思決定自体に、キャッシュフローに関する追加的な情報を含むこともない」が成立しない場合には、負債を活用したことによる「財務的困難のコスト（cost of financial distress）」というデメリットが生じることが予想される。

7-2-1　財務的困難のコスト①：倒産コスト

　企業が財務的困難に陥るとは、負債に基づく債務が履行できなくなる、もしくは履行が困難になる状況一般を指す概念である。すぐに思いつくのは、倒産で

あろう。ただし、倒産という概念は厳密な法的概念ではなく、多岐な法的・私的な倒産手続きを包括した呼び方である。

具体的には、倒産は法的な倒産と私的な倒産とに分けられ、前者は（1）民事再生手続きや会社更生手続きの開始を裁判所に申請する会社再建を目的とした法的倒産、（2）破産や特別清算の開始を裁判所に申請する会社清算を目的とした法的倒産とに大別される。また、後者には、銀行取引停止や私的整理といったものが含まれる。

企業が倒産したというニュースが伝わると、以下に見るように、企業にはさまざまな影響がおよぶ。そして、企業は、従来通りの営業を続けることが困難になることが多い。このことは、MMの完全資本市場の前提5「企業の資本構成の選択の意思決定によって、企業活動から得られるキャッシュフローに影響を与えることはない」が成立しないことを意味する。これは多くの場合、倒産は企業活動から得られるキャッシュフローにマイナスの影響をもたらす。これが、財務的困難のコストが生じる1つ目の理由である。

それでは、倒産によって、企業のキャッシュフローにどのような影響が生じるだろうか。倒産のコストには、倒産手続きを行ううえで必要な経費を社外に支払わなければならないことによるコスト（直接的コスト）と、倒産によって引き起こされる波及的な事象によって企業のキャッシュフローが減少するコスト（間接的コスト）が存在する。

以下では、スーパーマーケット・チェーンが倒産した場合を例にとりながら、いくつかの可能性を紹介しよう。

1. **直接的コスト：法的手続きのコスト**

    民事再生や会社更生の手続きを裁判所に申請し、再生していく際には、弁護士、会計士、コンサルタント、資産鑑定人などの多くのスペシャリストの関与が必要であり、その費用がかかる。また、訴訟関係の費用も必要となる。

2. 間接的コスト①：顧客の流失

最初に考えられるのは、顧客の影響である。スーパーが倒産したというニュースが伝われば、顧客は「売れ残った古い商品を売り付けられるのではないか」「今後、十分な品揃えやサービスを受けられなくなるのではないか」「価格が上がってしまうのではないか」等々、さまざまな不安を抱くだろう。そして、仮に地元の競合スーパーがあれば、そちらを利用するようになるかもしれない。倒産によって顧客が流出するということは、倒産がなければ得られるはずの売上やキャッシュフローが失われることを意味している。

3. 間接的コスト②：納入業者の動揺

次に考えられるのは、納入業者の影響である。倒産したスーパーに商品を卸していた納入業者は、商品の代金が支払われるのかどうか不安を持つ。そして、新規に商品を納入することに慎重になるかもしれない。仮に納入を継続するにしても、従来であれば掛け売りしていた代金を、現金で即支払うように要求するかもしれない。

商品が納入されなければ、スーパーの棚には売る商品が不足し、売上が減少する。また、現金の即時決済が増えれば、スーパーの資金繰りは悪化する。いずれにせよ、スーパーのキャッシュフローは、倒産していないときに比べて減少する可能性が高い。

4. 間接的コスト③：従業員の離散

倒産したスーパーの従業員への影響も甚大である。従業員の中には、会社の将来に不安を抱き、転職活動を始める者が出てくるかもしれない。また、ある程度業界で名の売れているバイヤーなどには、競合他社の意を受けたヘッドハンターからの誘いもあるだろう。

一般には、このような場合、優秀で転職市場での価値の高い従業員のほうが倒産した企業を去る可能性が高く、倒産企業にとっては、それらの社員が将来生み出したであろうキャッシュフローを喪失することになりかねない。

5. 間接的コスト④：資金繰り、金融面での悪影響

　　倒産を察知した場合、債権者は一斉に債権の回収に走る。また、担保を持つ債権者であれば、担保物権を処分して資金回収を図ろうとするかもしれない。

　　こうなると、企業の事業活動に必要な資産が差し押さえられてしまい、事業継続が困難になる可能性がある。また、仮に当面事業に必要でない資産であったとしても、短期のうちに売却を強制されれば、本来の価値を下回る価格でしか売れない可能性が高い。加えて、倒産した企業の追加での負債調達は、事実上極めて難しくなる一方、上場企業であれば上場廃止となり、株主資本での資金調達の道も当面閉ざされることになる。仮に新たなビジネスチャンスがあったとしても、新規投資は諦めざるをえず、ここでも将来の企業のキャッシュフローの減少は必至である。

　以上のように、直接的・間接的コストを合算すると、倒産に伴うコストはかなりの多岐にわたることがわかる。さらに忘れてはならないのは、この倒産に伴うコストは、負債を企業が活用することによって発生するという事実である（負債のない企業は、原則として倒産しない）。

7-2-2　財務的困難のコスト②：
　　　 倒産が視野に入ることによる経営の変質のコスト

　ここまで、実際に倒産に至った企業に、直接・間接のさまざまなコストが発生することを説明したが、財務的困難のコストはこれに留まらない。

　上述の倒産の間接コストについて言えば、実際に倒産に至らないとしても、倒産の噂が流れるだけで、たとえば顧客離れを招いたり、納入業者の動揺が発生したりする。これらに加えて、経営者が近い将来に倒産が発生する可能性を意識することによって、経営者の経営に関する意思決定や行動が変質し、負債がなければ創出されていたであろうキャッシュフローが変質してしまう可能性がある。

これが、2つ目の財務的困難のコストである。以下では、代表的な例として、正味現在価値（NPV）がマイナスの高リスクな投資が実施されるケースを紹介しよう。

　たとえば、1年後に返済期限が到来する負債があり、このままでは1年後には負債が返済できずに倒産することが予想される企業があるとしよう。この企業の経営者は、倒産が視野に入っていなかったら、到底実施しないような一か八かの投資に踏み切る可能性がある。たとえば、企業に残っている現金をすべて使い、成功する可能性は極めて低く（たとえば1％）、失敗すると投資額はすべて失われる（－100％の収益率）が、成功すれば多大な（たとえば投資額の1,000％の収益率の）キャッシュフローが1年後の返済期限に得られるような投資案件への投資である。

　通常の経営状況では、このような投資案件は割に合わない[注3]ので、経営者に選択されることはない。しかしながら、倒産が視野に入っていると実施される可能性がある。

　これは、経営者や株主の責任が、通常「有限責任（失敗した際の損失に、一定の上限がある）」であることに起因する。1年後に、現在以上に負債が増えて倒産しても、経営者に追加的な損失がない場合、「座して死を待つ」よりは、わずかな（1％の）逆転劇に望みをつなぐほうが、こうした経営者には合理的なのである。

　このように、倒産に至らなくとも、倒産の可能性が経営者に意識されると、その行動は変化する可能性があり、この場合、企業から発生するキャッシュフローも変質する。これは、MMの完全市場の前提5「企業の資本構成の選択の意思決定によって、企業活動から得られるキャッシュフローに影響を与えることはない」が崩れることを意味する。

[注3] この事例の期待収益率は、$0.01 \times 1{,}000\% + 0.99 \times (-100\%) = -89\%$、すなわち－89％と計算され、資本コストを持ち出すまでもなく、明らかに通常の投資基準では採択されない投資である。

倒産が視野に入ることによる経営の変質のコストは、これ以外にも考えられる。たとえば、先ほどの事例とは反対に、経営者はこれ以上負債が膨らんで企業が倒産することをおそれ、本来実施すべき投資を行わず、ひたすら企業の延命を図るかもしれない。また、社内に残った現金を倒産で債権者に差し押さえられる前に、配当や親族企業との取引を装って流出させ、計画倒産を図るかもしれない。いずれにせよ、こうした経営者の行動は、企業活動から得られるキャッシュフローの変質をもたらし、MMの完全市場の前提5とは相容れない。

ここまで見てきた財務的困難のコストは、具体的には、どの程度の規模なのだろうか。この点については、米国の研究者らによって、実際に倒産した企業のデータ等を基にさまざまな数値が推定されている。たとえば、財務的困難のコストの1種類目である倒産コストについては、財務的困難に陥る前の企業価値の10〜20％程度という推定がある[注4]。

7-3　負債活用のメリットとコストのバランス：トレードオフ理論と最適資本構成

ここまで見てきたように、法人税のある世界において負債を活用することには、節税効果というメリットがある一方で、財務的困難というコストも存在する。したがって、資本構成は、これらのメリットとコストのバランスを考えながら決定されるべきだと考えるのが「トレードオフ理論」である。

トレードオフとは、日本語では二律背反などと訳されることもあり、複数の条件で一方を改善しようとすると、他方が悪化する状況を示す。資本構成においては、負債を増やすと、節税効果というメリットと財務的困難のコストというデメリットのどちらも増大するため、どちらをどの程度享受するかを考えなければなら

[注4] Andrade, G., and S. Kaplan, 1998, "How Costly Is Financial (not Economic) Distress? Evidence from Highly Leveraged Transactions That Became Distressed," *Journal of Finance*, 53, pp. 1443-1493.

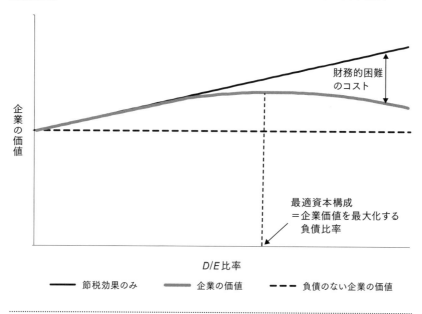

図表7-4 金利の節税効果と財務的困難のコストのトレードオフと最適資本構成

ない。

　この際、重要なことは、負債を増やした場合に、金利の節税効果はある程度まで直線的に増えていく（負債の増加に比例して増えていく）のに対して、財務的困難のコストは、少なくとも倒産の可能性が意識され始めるほどに、負債が相当に増えた段階から急速に顕在化する、ということである。財務的困難のコストは、企業が将来倒産する確率に依存すると考えられるが、この倒産確率は、一定以上に負債比率が高くなると急速に高くなるからである。

　このことをグラフで示したのが、図表7-4である。このグラフでは、節税効果（負債のメリット）のみを考えた場合の企業価値と、財務的困難という負債のデメリットを加味した際の企業価値が描かれている。そして、財務的困難のコストは、この2つのグラフの距離の差として表わされている。

　すでに説明したように、節税効果のみを加味した企業価値は、負債比率（グ

ラフ中では D/E 比率）が上昇すると直線的に大きくなっていくのに対して、財務的困難のコストは、負債比率がある程度上昇したところから急速に拡大する（グラフ上で、2つのグラフの差が大きくなる）。したがって、節税効果のメリットと、財務的困難のコストの双方を勘案した企業の価値は、ある点でピークを打ち、それ以上に負債を増やすと企業の価値は低下し始める。

この企業価値が最大化される（ピークとなる）ときの負債と株主資本の比率を「最適資本構成」と呼ぶ。企業の最適資本構成は、理論上の概念として理解できるものではあるが、それが個々の企業にとって具体的にいくらであるか（たとえば、負債比率が何％か）をピンポイントで特定することは、実務上は難しい。特に財務的困難のコストは、倒産時、もしくは倒産が視野に入った場合に発生すると予想されるコストに、倒産の確率をかけ合わせた期待値なので推定が難しい。

ただ、一般論として、負債の増加とともに、どの程度倒産の確率が上昇するかが、企業が行う事業の性格に依存することは予想できる。事業の正否の予想が難しく、そこから生じるキャッシュフローの不確実性も高い場合、少しの負債であっても業績が急低下した場合には、企業の倒産につながる状況に陥りかねない。他方、収入を毎月安定的に得られる業種では、事業から獲得するキャッシュフローは安定しており、少々負債比率が高いとしても、負債の返済不能による倒産の可能性は低いであろう。

このように考えると、事業の性格次第で、どの程度の負債比率を超えると負債から生じる財務的困難のコストが急上昇するか、したがって、最適な資本構成がどの程度かは異なると考えられる。一般論で言えば、事業のキャッシュフローが安定している企業の最適資本構成は、比較的負債比率が高くなるのに対し、キャッシュフローが不安定な企業では、最適資本構成比率は、低い負債比率になると考えられる。

本書の後半で説明する、企業価値評価の実務においては、資本構成の計算には「目標資本構成」や「目標負債比率」といった概念が用いられる。これは、企業が同業他社の財務状況や自社の経営方針を参考に、経営者が自社の資

本構成の目標値として設定した資本構成（負債比率）を示す。本章で説明した最適資本構成に近い概念であるが、すでに述べたように、ピンポイントで最適資本構成を計算するのが困難であることに鑑み、企業経営者の目標値は、最適値に近いだろうという判断で用いられる数値である。

　以上、本章では、完全資本市場の前提を離れて、より現実に近い世界、すなわち、税が存在し、財務的困難のコストも存在する世界における資本構成について考察した。これらの条件の下では、資本構成が企業価値に影響を与えないというMMの第1命題はもはや成立せず、負債の存在によって金利の節税効果というメリットと、財務的困難というコストが生じる。そして、負債で資金調達することのメリットとデメリット（コスト）のバランスが取れ、企業価値が最大化されるような負債比率を最適資本構成と考える、トレードオフ理論を紹介した[注5]。

　次章では、本章で取り上げた節税効果が、企業価値評価において重要な要素であり、それをどのように取り扱うかが、企業価値評価手法の理論的根拠を理解するうえで重要であることを説明する。そして、企業の資本構成によって、企業の資本コストにどのような影響がおよび、企業価値評価にどのような影響を与えるかに関する理論について、詳細に解説することとしたい。

[注5] トレードオフ理論は、資本構成を考える際の有力な理論であるが、唯一の理論ではない。たとえば、MM命題の完全資本市場の前提4（情報の非対称性が存在しないこと）が成立しない場合において、情報の非対称性から、企業が外部からの資金調達よりも、自社の稼ぎ出した資金のほうを、優先的に投資に振り向けるという傾向から、資本構成を考える有力理論もある。この理論は「ペッキングオーダー理論」と呼ばれている。詳細は、Myers, S., 1984, "The Capital Structure Puzzle," *Journal of Finance*, 39, pp. 575-592. を参照。

復習問題

Q. 7-1

法人税の存在する世界において、総資産の時価が100億円の企業A社があり、現状株主資本だけで資金調達している。現在の法人税率は30％である。この企業が1年間に生み出すキャッシュフローは、将来にわたって一定であるとする。この企業がいま、50億円、金利2％の永久社債（満期がない負債）で資金調達して、自社株買いし、買い入れた株式を償却したとする。仮に、社債の金利は全額法人所得計算上の費用として控除できるだけの利益があり、自社株買いは株価へのプレミアムを付与せずに実施できるとすると、この企業の社債発行後の市場価値ベースでの資本構成比は、（負債）社債：株主資本で、いくらになるだろうか。

Q. 7-2

A社が、上記Q.7-1と同じように永久社債を発行して、自社株買いと株式償却を行うとして、企業の社債発行後の市場価値ベースでの資本構成比を、社債（負債）：株主資本で50：50としたい場合、発行する永久社債の金額はいくらになるだろうか。なお、永久社債の残高以外のQ.7-1における仮定は、すべて同様に当てはまるものとする。

Q. 7-3

財務的困難のコストが、比較的わずかな負債比率でも発生しやすいようなビジネス、また、比較的高い負債比率まで発生しにくいようなビジネスについて、それぞれその性質を考察して、事例を挙げてみよう。

解答は146ページ →

第8章

負債の存在と株主資本の期待収益率、ベータ、加重平均資本コスト（WACC）の関係

前章では、税が存在し、財務的困難のコストも存在する世界においては、資本構成が企業価値に影響を与えないというMMの第1命題は成立せず、負債の存在によって金利の節税効果の生じるメリットと、財務的困難のコストが生じるデメリットのバランス（トレードオフ）によって最適資本構成が決定されるという考え方を紹介した。

企業価値評価の実務からは、節税効果は極めて重要な要素であり、それをどのように取り扱うかによって、複数の企業価値評価手法が存在する。一般に、企業価値評価でもっとも多く用いられているエンタプライズDCF法においては、節税効果はキャッシュフローの割引率（資本コスト）に織り込まれている。一方で、金利の節税効果抜きの企業価値と節税効果を別々に評価するAPV法（Adjusted Present Value法：調整現在価値法）という企業価値評価手法も用いられている。

エンタプライズDCF法の実例は第2部で詳細に解説するため、本章では、企業の資本構成によって、企業の資本コストにどのような影響がおよび、それが企業価値評価にどのような影響を与えるかに関する理論を説明することとしたい。

8-1 借入れの有無による企業の貸借対照表の構成と株主資本の期待収益率の比較

まず無借金の企業が、ある事業を行っている状況を考えよう。現在この企業の法人税率は40％[注1]、事業の価値（時価）は100、この事業の税引後の期待収益率（r_A）は6％、その期待収益率はCAPMによって決まっているとする（$r_f = 1\%$、$\beta = 1$、$r_m - r_f = 5\%$）。この企業の時価ベースの貸借対照表（B/S）を記載すると、図表8-1の通りになる。

この企業の事業は、貸借対照表の左側（借方）に資産として認識され、右

[注1] 現在の日本の法人税率（30％程度）よりは高めであるが、節税効果や株主資本コストの計算を容易にするため、この値とした。

図表8-1 負債のない企業の事業用資産の期待収益率と株主資本コスト

現金等以外の 事業用資産 100 期待収益率：6％	株主資本 100 株主資本コスト：6％

側（貸方）には資金調達手段、もしくは、その資産の資金提供者として、株主資本100が認識される。ここで、事業の期待収益率が6％[注2]なので、株主資本の期待収益率も6％となる。

　それでは、この企業が、従来と同じ事業を行っている状況で、無借金ではなく、資金調達を一部有利子負債（銀行借入れや社債）で賄うとしたらどうなるだろうか。ここでは、50の社債（永久債）を調達コスト2％で発行し、その資金で自社株買いして、株主資本の消却を行うケースを考える。

　前章で述べた通り、この場合、社債の金利は費用として企業の所得から控除されるため、節税効果が発生する。ここでは、この節税効果の現在価値（時価）を20とする。なお、この20という現在価値は、前章の7-1で示した、永久債で負債調達した場合における、支払金利の節税効果の式に基づいて計算されている（＝50×40％）。

　このとき、企業のB/Sは**図表8-2**のように変わる。**図表8-2**で特徴的なのは、B/Sの左側に、従来の企業における事業用の資産に加えて、有利子負債の金利の節税効果（残高20）が加わることである。その結果、総企業価値は、負

[注2] のちほど説明するが、6％の期待収益率によって、毎年6のフリー・キャッシュフローが生み出されると単純化して考えると、以降の説明はわかりやすい。

図表 8-2 負債のある企業の事業用資産と節税効果、株主資本コストの関係

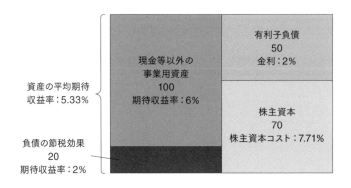

債のない場合が100であるのに対し、負債のあるケースでは120になっている。また、有利子負債の残高(社債の残高)は50なので、株主資本は70に増加している。

それでは、株主資本のコストはどのように変化するだろうか。この点については、節税効果に対する期待収益率をどのように考えるかで変わってくる。

実務の世界でよく用いられているのは、負債の金利から節税効果が生じることを根拠に、その期待収益率も負債の調達コスト(負債の期待収益率＝金利)と同様だとする考え方である[注3]。この考え方に基づけば、図表8-2に示したように、この企業のB/Sの左側の平均的な期待収益率は、5.33％となる(＝6％×100÷(100＋20)＋2％×20÷(100＋20))。B/Sの左右の期待収益率は当然ながら一致する(バランスする)はずなので、右側の負債と株主資本の平均的な期待収益率は、同じく5.33％とならなければならない。ここから逆算すると、財務レバレッジの影響を勘案した株主資本コストは7.71％となる[注4]。負債が

[注3] そもそも、前章で金利の節税効果の現在価値が $D \times t_c$ と計算されたのは、割引率を r_D としたからであったことを思い出そう。負債の節税効果の現在価値を計算する際の割引率に関する別の考え方は、章末の復習問題 Q.8-2で考察する。

[注4] 2％×50/120＋7.71％×70/120＝5.33％となることを確認しよう。

ないときの株主資本コストが6％であったことに比べれば、1.71％の上昇となる。

以上の計算結果を一般化しよう。負債（永久債）の時価を D、金利を r_D、負債発行前の株主資本コストを $r_{E,U}$、負債発行後の節税効果を加味した株主資本の時価を E、株主資本コストを $r_{E,L}$、法人税率を t_C とすると、図表8-2と同様に、企業のB/Sの左側と右側の平均期待収益率が等しくならなければならないことから、以下のような関係が導ける。

$$r_{E,L} = r_{E,U} + \frac{D}{E} \times (1 - t_C) \times (r_{E,U} - r_D) \qquad (式8\text{-}1)$$

図表8-2の事例で計算すると、

$$r_{E,L} = 6\% + \frac{50}{70} \times (1-40\%) \times (6\% - 2\%) = 7.71\%$$

という結果が確認できる。

このように、同じ事業を営んでいる企業であっても、負債のない企業に比べ負債のある企業では、株主資本コストは上昇する。このことは負債による「レバレッジ（梃子の）効果」、もしくは「財務レバレッジ」と呼ばれている。これ自体は、第6章の完全資本市場の前提の下で導かれた、MMの第2命題と基本的には同じである。

注意すべきなのは、このレバレッジの効果自体は、負債の存在が企業の本業の収益率にいっさい影響を与えないという前提で、計算式が導かれていることである。すなわち、第6章で述べたMMの完全資本市場の前提のうち、前提5がそのまま該当することが想定されている。

実際には、前章の7-2で述べたように、負債により財務的困難のコストが発生する場合、企業経営自体に変調をきたし、本業の収益率が低下してしまう可能性があるため、MM命題の前提5は成立しない。しかしながら、この財務的

困難のコストを企業の収益率に数値として換算することには実務上困難を伴うためか、企業価値の実務においては、必ずしもこの財務的困難のコストについて、株主資本コストの計算においては加味されていないようである。

本書においても、このような実務の実態に鑑み、これ以降、財務的困難のコストは明示的に考慮しない。ただし、倒産の可能性に直面するような企業においては、数値化できないまでも、その潜在的インパクトについて、勘案すべき事例もあるのではないかと考えている。

8-2 税引後加重平均資本コスト（WACC）

第2部の実務編で詳細は説明するが、もっとも一般的に用いられているエンタプライズ DCF 法においては、企業の本業から発生する税引後の営業利益から、本業に必要な投資を差し引いた「フリー・キャッシュフロー」を割り引くことで事業価値を求める。この際に用いられる割引率が、税引後の加重平均資本コスト（WACC）である。

エンタプライズ DCF 法における税引後 WACC の特徴は、その現在価値の計算結果自体が、節税効果を含んだ事業価値となることである。図表8-2で言えば、フリー・キャッシュフローを WACC で割り引いた結果は、元々の事業用資産の価値100ではなく、節税効果を加味した120となる。

このように、最初から節税効果込みの事業価値を求めるために、税引後 WACC は、割引率に負債金利の節税効果を加味したものを用いる。具体的には、以下のような計算式となる。

$$税引後 WACC = r_D \times (1 - t_C) \times \frac{D}{D+E} + r_{E,L} \times \frac{E}{D+E} \quad （式8\text{-}2）$$

なお、式中の記号は、式8-1と同じ項目を示している。式8-2の構造を見れ

ばわかるが、負債の調達金利は、税引前の数値ではなく、$r_D \times (1-t_C)$ という形で、企業にとって負債の節税効果を勘案した、実質的な資本コスト（金利負担）が用いられている。**図表8-2**の事例でいえば、負債の表面利率（r_D）は2％であるが、WACCの計算式上は、2％×（1－40％）＝1.2％が、節税効果勘案後の実質的な企業負担として用いられている。

　繰り返しになるが、節税効果勘案後の負債の資本コストを用いて、評価対象企業の資本構成比（負債：株主資本）に応じ、それぞれの資本コストを加重平均したものが、一般に用いられている税引後WACCである。それでは、**図表8-2**との関係で考えると、この税引後WACCはどのような特徴を持つだろうか。実際に**図表8-2**の事例で税引後WACCを計算してみよう。

$$税引後WACC = 2\% \times (1-40\%) \times \frac{50}{50+70} + 7.71\% \times \frac{70}{50+70} = 5.0\%$$

　ここで単純化のため、**図表8-2**の企業が、永久に同じフリー・キャッシュフローを生み出すとしよう（企業の名目成長率がゼロ）。この場合、事業用資産の残高が100、その期待収益率が6％だから、未来永劫にわたって、毎年6（＝100×6％）のフリー・キャッシュフローを生み出していると考えられる。このとき、上記で計算された税引後WACCである5.0％を用いて、この未来永劫に発生する6を割り引くと、その現在価値は120（＝6/5.0％）となり、最初から計算結果が節税効果込みの120という事業価値が得られることが確認できる。

　このように、税引後WACCを用いて、企業が事業から生み出すキャッシュフロー（フリー・キャッシュフロー）を割り引くエンタプライズDCF法では、フリー・キャッシュフローの現在価値の総和には、金利の節税効果が加味されている。このことは、長所として、企業価値を求める際に計算がシンプルであるという点が挙げられる。一方で、短所として、遠い将来まで同じWACCを用いるためには、資本構成比が長期にわたり安定的に推移することを仮定しなければならない。

たとえば、負債が80％、株主資本が20％という、負債比率が極端に高い資本構成比の場合、今後よほど本業のキャッシュフローが安定的に推移しない限り、将来何らかの業績不振を契機に財務的困難に陥る可能性が高く、未来永劫に維持できると考えるのは難しい場合が多いだろう。したがって、WACCの計算に用いる資本構成については、長期的に維持可能な比率を用いる必要がある[注5]。

また、現時点で一時的に、財務的困難や取引の性格上[注6]、高い負債比率になっているが、今後、負債を本業のキャッシュフローで返済して、維持可能な負債比率まで低下させることを前提にしている企業の場合、そもそも資本構成が未来永劫一定という仮定になじまない。このような場合には、エンタプライズDCF法ではなく、フリー・キャッシュフローから計算される金利の節税効果抜きの企業価値と、金利の節税効果のキャッシュフローを別々に予測して割り引いて現在価値を計算した後に、それらを合算して事業価値を求めるAPV法（Adjusted Present Value法：調整現在価値法）を用いるべきである[注7]。

[注5] 前章のトレードオフ理論の説明の際に述べたように、どの程度まで負債比率を増やせるか（レバレッジを増やせるか）は、評価対象企業の本業から生じるキャッシュフローが、どの程度安定的かによって判断されるべきである。

[注6] 取引完了時に、意図的に高いレバレッジ（負債比率）でスタートし、本業のキャッシュフローで負債を徐々に返済していくことを前提とする、「レバレッジド・バイ・アウト（LBO）」のような取引。

[注7] APV法を用いて事業価値を計算する場合、節税効果を除いた事業用資産の価値を、毎年のフリー・キャッシュフローを事業用資産の期待収益率（6％）で割り引くことで求める。具体的には、事例ではフリー・キャッシュフローが毎年6なので、節税効果を除いた事業用資産の価値は、100（＝6÷6％）と計算される。一方、節税効果の現在価値は、毎年の有利子負債の金利が1（＝50×2％）のため節税効果は0.4、未来永劫この節税効果が毎年発生するので、節税効果の現在価値は、税引前の有利子負債の資本コストを用いると、20（＝0.4÷2％）と計算される。両者を合算すれば、節税効果を加味した事業価値120が計算される。

8-3 税引後加重平均資本コストとCAPMのベータとの関係

　上記の期待収益率は、CAPMを用いて資本コストを計算することを前提に考えると、そこで用いられるベータと基本的にリンクする。第2部で説明するように、特に株主資本コストについては、まず、株式市場において実際に過去の株価と株式の収益率を基にベータを推定し、CAPMを用いて株主資本の期待収益率（資本コスト）を推定するのが実務の流れである。

　この際、資本構成がベータに与える影響を勘案するための計算式を用いる。資本構成とベータの関係式を以下で示すが、これは基本的には、期待収益率（r）をベータに置き換えた式になっていると考えてよい。

　そもそも、実際に株価から推定されるベータとは、どのような性質を持つだろうか。現在の株価から計算されるベータは、その企業の現状の資本構成（負債と株主資本の構成比）を前提に、市場が評価したその企業の株主資本のリスクを反映している。このように、市場株価から計算されるベータは、負債のある企業の場合、現在の負債（レバレッジ）の存在を前提としたものであり、「レバード・ベータ（levered beta）」と呼ばれることもある。

　レバード・ベータには、2つのリスクが反映されている。1つは、その企業の本業が生み出すキャッシュフローのリスク（本業のリスク）である。もう1つは、財務レバレッジ（借入れ）の存在により加わる財務リスクである。

　仮に、まったく同じビジネスを営む企業であっても、借入比率が高ければ、株価はより業績に敏感に反応して上下する。このような財務レバレッジの影響を取り除いた、本業のリスクのみを反映するベータを「アンレバード・ベータ（unlevered beta）」と呼ぶ。第2部で詳述するように、このアンレバード・ベータの計算は、非上場企業や取引頻度の少ない上場企業の株主資本コストを計算する際、大変重要な役割を果たす。

　それでは、具体的に実際に観測されたベータ（レバード・ベータ）から財務レバレッジの影響を取り除いて、アンレバード・ベータを算出するには、どのよう

な計算を行うのだろうか。

　ここでは、式8-1を説明したときと同様に、企業が永久債を用いて負債を調達しているとする。負債（永久債）の時価を D、金利のベータを β_D、負債発行がない場合の株主資本のベータ（アンレバード・ベータ）を $\beta_{E,U}$、負債発行後の節税効果を加味した株主資本の時価を E、ベータ（レバード・ベータ）を $\beta_{E,L}$、法人税率を t_C とすると、計算式（式8-3）が、レバード・ベータとアンレバード・ベータの関係式である。

$$\beta_{E,L} = \beta_{E,U} + \frac{D}{E} \times (1 - t_C) \times (\beta_{E,U} - \beta_D) \qquad (\text{式8-3})$$

　この式は、式8-1の r を、すべて β で置き替えたものになっていることに気づいただろうか。このように、CAPMで資本コストが決まるという前提の下では、資本コスト（r）をCAPMのベータ（β）に置き換えても、同じように等式が成立することが知られている。

　念のため、このことを図表8-2で示した事例で確認しておこう。まず、事例ではCAPMの式において、リスクフリー金利（r_f）が1％、市場リスクプレミアム（$r_m - r_f$）が5％、そして本業のベータは1として、本業の期待収益率を6％としていた。本業のベータは、借入れのない場合の株主資本のベータ（アンレバード・ベータ）に等しいので、この事例では、$\beta_{E,U} = 1$ である。また、負債の資本コスト（r_D）は2％なので、CAPMから逆算して、$\beta_D = 0.2$（CAPMより、$r_D = 2\% = 1\% + 0.2 \times 5\%$）と計算される。負債（永久債）の時価 $D = 50$、負債発行後の節税効果を加味した株主資本の時価 $E = 70$、法人税率 $t_C = 40\%$ なので、式8-3に基づいて、レバード・ベータ（$\beta_{E,U}$）は以下のように計算される。

$$\beta_{E,L} = \beta_{E,U} + \frac{D}{E} \times (1 - t_C) \times (\beta_{E,U} - \beta_D)$$

$$= 1 + \frac{50}{70} \times (1 - 40\%) \times (1 - 0.2) = 1.3429$$

このレバード・ベータを基に、CAPM で借入れの存在を前提にした株主資本コストを計算すると、

$$r_{E,L} = r_f + \beta_{E,L} \times (r_M - r_f) = 1\% + 1.3429 \times 5\% = 7.71\%$$

となり、式 8-1 で計算した株主資本コストと合致することがわかる。

　以上、本章で解説した式 8-1〜8-3 は、企業価値の実務で頻繁に用いられる式である。これらの式の背景にある理論的考え方をきちんと理解しておくことは、企業価値評価を行う際の応用力を養ううえでも不可欠である。

　本章までで、主にエンタプライズ DCF 法を念頭に置いた企業価値評価を理解するために必要なファイナンス理論は、ほぼカバーした。次章では、第 2 部への橋渡しとして、これらの理論を基に、エンタプライズ DCF 法とはどのような考え方で企業価値を計算するのかについて、理論的な背景を説明しておこう。

復習問題

Q. 8-1

図表8-2の企業について、以下のような条件の下では、株主資本コストや税引後加重平均資本コスト（税引後WACC）がどのように変化するか、実際に計算してみよう。

（1）負債の資本コストが3％に上昇した場合（他の条件は不変とする）。
（2）法人税率が30％に引き下げられた場合（$r_A = r_{E,U} = 7\%$に上昇、目標資本構成比率は50：70とする。他の条件は不変とする）。
（3）（1）と（2）が同時に起こった場合（$r_A = r_{E,U} = 7\%$に上昇、目標資本構成比率は50：70とする）。

Q. 8-2

実務ではまだ一般的ではないが、図表8-2に示した節税効果について、現金等以外の事業用資産の期待収益率（r_A：事例では6％）に等しいとする考え方がある。本文の説明においては、負債は社債（永久債）で資金調達し、負債残高が未来永劫一定であるケースを想定しているが、これは必ずしも企業の実際の資金調達とは一致しない。第7章で述べたような、目標資本構成があり、負債と株主資本の構成比率を一定に保つ場合、事業リスクに応じて企業全体の価値が変動すれば、負債元本も見直す必要がある。したがって、負債の節税効果の金額も事業リスクによって変動する（リスクがある）はずである。これが、節税効果について、事業用資産のリスクや期待収益率（割引率）を適用する考え方の根底である。

それでは、このように考える場合、式8-1と式8-3は、どのように修正されるだろうか。また、図表8-2の事例において、仮に負債：株主資本の目標資本構成比率を、本文中と同様に50：70とした場合、節税効果の現在価値（図表

では20とされている）は、いくらと計算されるだろうか。また、この企業の企業価値はいくらになるだろうか。

解答は147ページ ➡

第9章

エンタプライズDCF法の理論的背景

前章で述べた通り、エンタプライズDCF法においては、フリー・キャッシュフローと呼ばれる、本業の稼ぎ出すキャッシュフローを、税引後WACCで割り引いて事業の価値を求める。具体的には、以下の式で表わされる。

$$事業価値 = \frac{FCF_1}{1+税引後WACC} + \frac{FCF_2}{(1+税引後WACC)^2} + \cdots + \frac{FCF_t}{(1+税引後WACC)^t} + \cdots$$

ただし、FCF_1、FCF_2、FCF_tは、それぞれ1年後、2年後、t年後に発生するフリー・キャッシュフローの予測値（予測フリー・キャッシュフロー）を示す。

上記の式では、企業の事業活動が恒久的に継続する（ゴーイング・コンサーン）と仮定して、遠い将来に発生する予測フリー・キャッシュフローまで、すべて足し合わせたものを事業価値としている。ただし、もちろん数百年先までの予測をすることは不可能である。

したがって、現実の実務では、事業活動の予測は5～7年といった一定期間について行い、それ以降は、一定の成長率の下で、予測最終年度のフリー・キャッシュフローが永久に発生し続けると仮定して計算した価値（継続価値）を一括計上する。この辺りは本章9-3で概要を説明し、第13章で詳細な手順を解説する。

9-1 フリー・キャッシュフローとは何か

では、エンタプライズDCF法において、現在価値の計算対象となるフリー・キャッシュフローとは、どのようなものだろうか。端的に言えば、これは「企業が事業活動から生み出す税引後のキャッシュフローのうち、事業の成長に必要な追加投資に必要な部分を差し引いたキャッシュフロー」と定義される。

図表9-1 フリー・キャッシュフローのイメージ

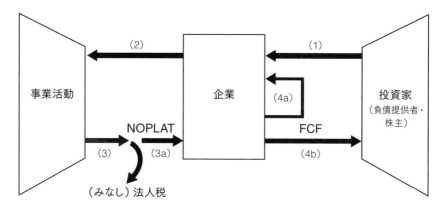

(1) 投資家から資金を調達
(2) 事業活動に投資
(3) 事業活動により得られる営業利益（EBITA）
(3a)（みなし）税引後の営業利益（NOPLAT）
(4a) 営業利益から事業への追加投資
(4b) 投資家へ還元するキャッシュフロー（フリー・キャッシュフロー、FCF）

　図表9-1は、フリー・キャッシュフローについて、簡単に図解したものである（単純化のため、以下の説明ではやや正確性を犠牲にしている）。

　まず、企業は投資家から資金を調達し（図中(1)）、その資金を事業活動に投資する（図中(2)）。事業活動が軌道に乗ると、営業利益という形でキャッシュフローを生むようになる[注1]（図中(3)）が、ここから（みなし）法人税を支払ったものが、（みなし）税引後の営業利益（NOPLAT: Net Operating Profit Less Adjusted Taxes）として企業の手元に戻ってくる（図中(3a)）。NOPLATは、国に法人税を支払った後に、民間部門（企業と投資家）が分配

[注1] より厳密に言うと、EBITA（Earnings Before Interest, Taxes, and Amortization：支払利息・のれん償却費等営業外損益および税引前利益）を基に、NOPLATを計算する。

できるキャッシュフローである。企業は、NOPLATの中から、将来事業活動を成長させるための追加投資に必要なキャッシュフローを確保・再投資し（図中(4a)）、残ったキャッシュフローがフリー・キャッシュフローとなる（図中(4b)）。フリー・キャッシュフローは、企業が追加投資に必要なキャッシュフローを控除したものであり、投資家が受け取れるキャッシュフローの合計になる。

ただし、このフリー・キャッシュフローは、全額が投資家への利息や配当として、社外に流出するわけではない。社内に余剰現金として留保されたとしても、法的には、そのキャッシュは投資家（主に株主）の所有物である。したがって、フリー・キャッシュフローは、投資家に還元された（追加投資を実施した後で、残った）キャッシュフローである、という位置づけが重要なのであり、実際にフリー・キャッシュフローが社外に流出するか否かは、必ずしも重要ではない。

9-2 エンタプライズDCF法の特徴

エンタプライズDCF法においては、フリー・キャッシュフローを割り引いて事業価値を求める。その特徴は、①毎年のフリー・キャッシュフローの計算においては、金利の節税効果を考慮せず、あたかも評価対象企業の有利子負債が存在しないかのように計算する一方で、②税引後WACCの計算において、実際の税引前の有利子負債コストではなく、節税効果を勘案した低い有利子負債コストを用いることで、③結果として、フリー・キャッシュフローを割り引いた現在価値は、金利の節税効果が加味された数値となる、ということである。このように、金利の節税効果を毎年のキャッシュフロー（現在価値の計算式でいえば分子）ではなく、割引率（分母）に織り込むため、エンタプライズDCF法は、毎年の金利の節税効果のキャッシュフローを個々に予測する必要がない、というメリットがある。

その一方で、前章8-2節で説明した通り、短所としては、遠い将来まで同じ税引後WACCを用いるためには、資本構成比が長期にわたって安定的に推

図表9-2 企業価値手法の整理

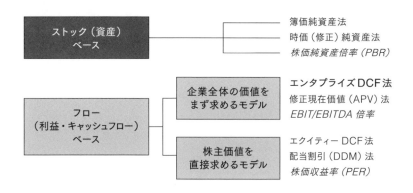

移すると仮定しなければならない点が挙げられる。したがって、現時点で一時的に、財務的困難や取引の性格上、高い負債比率になっているが、今後負債を本業のキャッシュフローで返済して、維持可能な負債比率まで低下させることを前提にしている企業の場合、エンタプライズDCF法での評価には馴染まないことも説明した。

なお、エンタプライズDCF法は、企業価値評価においてもっとも頻繁に用いられている手法であるが、これ以外にも、実務ではさまざまな手法が併用されている。それらを簡単に整理したのが、**図表9-2**である。

企業価値を評価する手法には、大きく分けると企業の貸借対照表（バランスシート）に着目するストック（資産）ベースのアプローチと、企業の利益やキャッシュフローを基に企業価値を計算するフローベースのアプローチの2つがある。後者のアプローチはさらに、企業全体の価値を求めるモデルと、株主価値を直接求めるモデルに分けられる。

本書で説明しているエンタプライズDCF法や修正現価値（APV）法は、企業のキャッシュフローに着目し、企業全体の価値を求めるモデルに分類される。また、それぞれのモデルには、上場企業の株価を参照して企業価値を求める手

法（マルチプル法、上場企業比較法）が存在するので、これらを斜体で記載している（なお、エンタプライズDCF法以外の図表9-2に記載した企業価値評価手法の詳細は、マッキンゼー［2016］の第8章、および第14章を参照されたい）。

　ストックベースのアプローチは、現在の貸借対照表を基に、企業の資産＝企業の価値と考え、株主価値は企業の資産から負債を差し引いたものと考える。これは、現時点で会社の資産をすべて現金化し、負債提供者に返却した後に、株主に残余財産として配分される価値である。すなわち、企業を現時点で清算した場合の価値と考えられる。

　この手法では、現時点での資産状況が同じ場合、今後成長する企業も、赤字続きで資産を棄損し続けている企業も同等の評価となるため、存続する企業の評価には適さないとされる。ただし、本業は赤字でも、多くの高額不動産を保有する企業を買収する場合のように、企業の事業ではなく、資産に着目した企業の合併・買収（M&A）を実施する場合には、ストックベースでの企業価値が参照されるケースもある。

　これに対して、フローベースのアプローチの特徴は、企業の価値は、その企業が将来生み出すキャッシュフロー（もしくは収益）に依存するという、ファイナンス理論の考え方に合致している点である。いかに多額のストックベースの資産を保有していても、毎年赤字で資産を食い潰していけば、その企業はいつか資産のすべてを失い廃業するだろうし、いまはストックベースの資産がわずかだとしても、毎期多額のキャッシュフローを生み出す企業ならば、将来は多くの資産を持つ大企業になるだろう。

　このように考えると、企業が事業を継続すること（ゴーイング・コンサーン）を前提とすれば、企業の価値は企業のキャッシュフローを生み出す力（企業の実力）に依存するという考え方が、企業価値評価の主流となっているのは、当然といえるだろう。

　フローベースのアプローチのうち、株主価値を直接求めるモデルは、有利子負債の多い金融機関の評価など、企業全体の価値を求めるモデルの利用が困難な際に利用されることがある[注2]。株主価値を直接求めるためには、株主に

帰属するキャッシュフローを求める必要があるが、これは、フリー・キャッシュフローから、有利子負債の提供者へ支払われるキャッシュフローを差し引いたものである。有利子負債の提供者へ支払われるキャッシュフローには、利息だけではなく、元本の返済や新規の借入りの実行額（マイナスのキャッシュフロー）も含める必要があるため、実務上はかなり複雑な予測が必要となる。

エンタプライズDCF法は、このフリー・キャッシュフローの有利子負債提供者と株主の間で分配するという問題を、税引後WACCを計算する際の資本構成比率が安定的という仮定によって単純化している。これが、エンタプライズDCF法が幅広く用いられている理由であろう。

9-3 エンタプライズDCF法の手順の概略

最後に、本書第2部において実務上の手順の詳細を説明する、エンタプライズDCF法の流れについて、**図表9-3**に基づき概略を示しておこう。

エンタプライズDCF法により企業価値を求める場合、将来の予測フリー・キャッシュフローを税引後WACCで割り引いて事業価値を求めることは、すでに述べた。また、遠い将来に発生するフリー・キャッシュフローを予測することは不可能であるため、現実の実務では、事業活動の予測（予測財務諸表の作成）や予測フリー・キャッシュフローの算定は、5〜7年といった一定期間について行い（図中①、ここでは7年間の予測期間の場合）、それ以降については、一定の成長率の下で、予測最終年度のフリー・キャッシュフローが、永久に発生し続けると仮定して計算した価値（継続価値）を一括計上する（図中③）ことも説明した。

図表9-3では、事業価値と企業価値の違いについても説明している。ここま

[注2] マルチプル法に該当する株価収益率（PER）については、株式投資家の間で幅広く用いられている。

図表9-3　エンタプライズDCF法の流れ

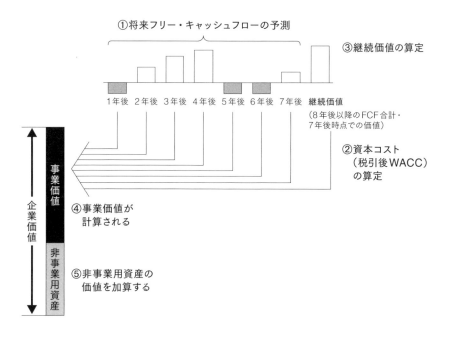

でのエンタプライズDCF法の説明では、企業価値ではなく、事業価値という言葉を用いてきた。事業価値は、将来発生すると予測されるフリー・キャッシュフローの現在価値の総和（予測期間のフリー・キャッシュフローの現在価値＋継続価値の現在価値）であり、企業の本業が生み出す価値ともいえる。

一方で、企業には、事業に直接用いることのない資産、すなわち非事業用資産も存在する。これは、事業価値の算定のもとになるフリー・キャッシュフローを生み出すために必要でない資産である。たとえば、事業の継続（日々の資金繰り等）に必要な額を超えた余剰現金や余剰投資有価証券、遊休資産が該当する。ただし、企業の資産であっても、将来工場を建設する予定の土地のように、将来のフリー・キャッシュフローを生み出す「原料＝投下資産」として使わ

れる予定がある資産は、非事業用資産には含めない。

　非事業用資産は、予測フリー・キャッシュフローから求めた事業価値とは別に、残高ベースで加算され、事業価値と非事業用資産残高を合算したものが企業価値となる（図中④と⑤）。株主価値を求めたい場合には、この企業価値から、有利子負債や非支配株主持分を差し引いて求めることになる。

　以上が、エンタプライズDCF法のおおまかな流れである。続く第2部においては、エンタプライズDCF法による企業価値評価の実際の手続きについて、ステップを踏んで詳細に解説していくことにしよう。

復習問題解答

第1章

A. 1-1

$20{,}000 \times (1 + 0.01)^2 = 20{,}402$ 円

A. 1-2

$30{,}000 \times \dfrac{1}{(1 + 0.02)^3} = 28{,}269.7$ 円

A. 1-3

求める金利（割引率）を x ％とすると、

$$20{,}000 \times \dfrac{1}{\left(1 + \dfrac{x}{100}\right)^2} = 18{,}852$$

これを解くと、

$$\dfrac{x}{100} = \sqrt{\dfrac{20{,}000}{18{,}852}} - 1 = 0.030$$

すなわち、$x = 3.0$％となる。

A. 1-4

　天秤の右側には、1年後、2年後、3年後に発生する3回のキャッシュフロー、各100,000円の現在価値が乗るので、それと釣り合う左側の金額、すなわち債券の価格は、以下のように計算される。

$$\frac{100,000}{1+0.02} + \frac{100,000}{(1+0.02)^2} + \frac{100,000}{(1+0.02)^3} = 288,388.3 \text{円}$$

第2章

A. 2-1

$$\frac{(520-500)+10}{500} = 6.0\%$$

A. 2-2

まず証券のキャッシュフローと市場価値から、期待収益率（年率）を計算する。求める期待収益率（割引率）を x %とすると、x は以下の2次方程式を解くことで求められる。

$$1,000 \times \frac{1}{1+\frac{x}{100}} + 2,000 \times \frac{1}{\left(1+\frac{x}{100}\right)^2} = 2,856 \quad x = 3.0\%$$

この証券の期待収益率（3%）は、同じリスクを持った投資プロジェクトの機会費用（＝割引率、期待収益率）となるので、この投資プロジェクトの価値（現在価値）は、

$$20,000 \times \frac{1}{1+\frac{3}{100}} + 40,000 \times \frac{1}{\left(1+\frac{3}{100}\right)^2} = 57,120 \text{円}$$

である。

第3章

A. 3-1

資産1：0.5×1％＋0.5×1％＝1％
資産2：0.5×3％＋0.5×0％＝1.5％
資産3：0.5×5％＋0.5×−1％＝2％

A. 3-2

	資産6-1	収益率12ヶ月平均との差	差の2乗
前年 1 月	0％	−3％	0.0009
前年 2 月	−4％	−7％	0.0049
前年 3 月	−2％	−5％	0.0025
前年 4 月	12％	9％	0.0081
前年 5 月	6％	3％	0.0009
前年 6 月	11％	8％	0.0064
前年 7 月	10％	7％	0.0049
前年 8 月	1％	−2％	0.0004
前年 9 月	−6％	−9％	0.0081
前年10月	13％	10％	0.0100
前年11月	−9％	−12％	0.0144
前年12月	4％	1％	0.0001
12ヶ月平均	3.0％	差の2乗の平均＝分散	0.00560
		標準偏差	7.48％

　資産6-1は、資産6（平均収益率：3.0％、標準偏差：6.58％）に比べて、同じ平均収益率（リターン）だが、標準偏差（リスク）が大きい。

第 4 章

A. 4-1

資産5比率	資産6比率	PF 平均収益率	PF リスク（標準偏差）
0%	100%	3.00%	6.58%
10%	90%	2.90%	5.85%
20%	80%	2.80%	5.16%
30%	70%	2.70%	4.53%
40%	60%	2.60%	3.99%
50%	50%	2.50%	3.57%
60%	40%	2.40%	3.33%
70%	30%	2.30%	3.31%
80%	20%	2.20%	3.50%
90%	10%	2.10%	3.87%
100%	0%	2.00%	4.39%

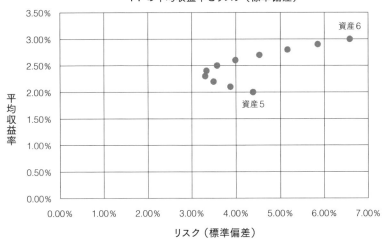

A.4-2

資産5と資産6-1の相関係数は、Excel関数により、−0.2103と計算される。

資産5比率	資産6-1比率	PF平均収益率	PFリスク（標準偏差）
0%	100%	3.00%	7.48%
10%	90%	2.90%	6.66%
20%	80%	2.80%	5.87%
30%	70%	2.70%	5.13%
40%	60%	2.60%	4.46%
50%	50%	2.50%	3.92%
60%	40%	2.40%	3.55%
70%	30%	2.30%	3.40%
80%	20%	2.20%	3.52%
90%	10%	2.10%	3.86%
100%	0%	2.00%	4.39%

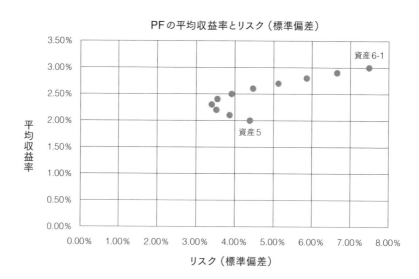

第5章

A. 5-1

資産9の期待収益率：3％、リスク（標準偏差）：25％
資産7の収益率との相関係数：0.4
資産8の収益率との相関係数：0.4

資産7 比率	資産8 比率	資産9 比率	ポートフォリオの リスク（標準偏差）	ポートフォリオの 期待リターン
20％	20％	60％	20.3％	3.0％
30％	30％	40％	19.2％	3.0％
80％	10％	10％	18.4％	2.3％

A. 5-2

「ソルバー」の設定画面において、「目的セルの設定」で、ポートフォリオのリスクの計算式が入力されているセルを選択し、その「最小値」を求める。

	資産7 比率	資産8 比率	資産9 比率	ポートフォリオの リスク（標準偏差）	ポートフォリオの 期待リターン
最小リスク	60.6％	15.2％	24.2％	17.8％	2.5％
投資比率合計		100％			

A. 5-3

$$\beta_i = \frac{\rho_{i,m} \times \sigma_i}{\sigma_m} = \frac{0.4 \times 60\%}{30\%} = 0.8$$

CAPMより、

$$r_i = r_f + \beta_i \times (r_m - r_f) = 1\% + 0.8 \times (6\% - 1\%) = 5\%$$

となる。

A. 5-4

投資家は、資産10を購入して分散投資すれば、市場ポートフォリオに80％、リスクフリー資産（国債）に20％投資した場合と同じ市場リスクを取ることで、そのときの期待収益率5％（＝80％×6％＋20％×1％）を上回る期待収益率を得られることになる。このような状況下では、すべての投資家が資産10を購入する方向に動き、資産10の価格は上昇、その結果（初期投資の元本が増加するため）期待収益率は低下する。最終的には、資産10の期待収益率と、市場ポートフォリオに80％、リスクフリー資産（国債）に20％投資した場合の期待収益率5％と等しくなるまで、期待収益率の低下が続く。

第6章

A. 6-1

まず、社債で50億円を調達し、同時にその資金で50億円分自社株買いを行って、株式を消却する。これらの取引の結果、社債が50億円、株主資本が50億円という資本構成に変更される。

A. 6-2

資本構成変更取引完了前には、総資産の収益はすべて株主資本の提供者に還元されるものだったので、株主資本コスト（期待収益率）は、総資産の収益率と同じく年率6％である。

$$r_{E,U} = r_A = 6\%$$

一方、資本構成変更完了後の株主資本コスト（期待収益率）は、MMの第2命題によって、10％と求められる。

$$r_{E,L} = r_{E,U} + \frac{D}{E}\left(r_{E,U} - r_D\right)$$

$$r_{E,L} = 6\% + \frac{50}{50}(6\% - 2\%) = 10\%$$

A.6-3

Q.6-2と同様に、資本構成変更取引完了前の株主資本のリスク（ベータ）は、総資産のリスクと同じ1である。

$$\beta_{E,U} = \beta_A = 1$$

完了後の株主資本のリスク（ベータ）は、MMの第2命題と類似の計算式を用いて、1.8と求められる。

$$\beta_{E,L} = \beta_{E,U} + \frac{D}{E}\left(\beta_{E,U} - \beta_D\right) = 1 + \frac{50}{50}(1 - 0.2) = 1.8$$

A.6-4

$$r_{E,L} = 6\% + \frac{75}{25}(6\% - 3\%) = 15\%$$

$$\beta_{E,L} = 1 + \frac{75}{25}(1 - 0.4) = 2.8$$

第7章

A. 7-1

50億円の永久債から発生する節税効果の現在価値は、15億円（＝ $D \times T_C$ ＝ 50億円 × 30％）。したがって、節税効果を加味した企業の価値は、115億円（＝ $A_U + D \times T_C$ ＝ 100億円 + 15億円）となる。負債の残高が50億円なので、株主資本の残高は、65億円（＝ 115億円 − 50億円）、資本構成比は、負債：株主資本 ＝ 50：65 ＝ 10：13となる。

A. 7-2

発行すべき永久社債の金額を x 億円とすると、以下のような方程式を解くことで、永久社債の残高が求められる。

$$A_L \times 50\% = (A_U + x \times T_C) \times 50\% = (100億円 + x \times 30\%) \times 50\% = x$$

したがって、

x ＝ 58.82億円

A. 7-3

比較的わずかな負債比率でも財務的困難のコストが発生しやすいビジネスには、キャッシュフローの変動が大きいビジネス、たとえばITやバイオベンチャーの企業や映画産業の企業などがある。また、比較的高い負債比率まで発生しにくいビジネスには、キャッシュフローが安定的に稼ぎ出せて、その変動が小さいビジネス、たとえば、携帯電話事業（毎月小口だが多数の顧客から安定的に収入が得られる）や、一等地にある不動産の賃貸企業（家賃収入が安定している）などがある。これらの事業では、仮に少々の解約や他社への顧客流出があった

としても、事業から獲得するキャッシュフローは安定している。

第 8 章

A. 8-1

株主資本コストについては、以下の計算式、

$$r_{E,L} = r_{E,U} + \frac{D}{E} \times (1 - t_C) \times (r_{E,U} - r_D)$$

から計算し、その後、求めた株主資本コストを使って、税引後加重平均資本コスト（税引後 WACC）を計算する。

（1）負債の資本コストが3％に上昇した場合（他の条件は不変とする）。

$$r_{E,L} = 6\% + \frac{50}{70} \times (1-40\%) \times (6\%-3\%) = 7.29\%$$

$$WACC = 3\% \times (1-40\%) \times \frac{50}{120} + 7.29\% \times \frac{70}{120} = 5.0\%$$

（2）法人税率が30％に引き下げられた場合（$r_A = r_{E,U} = 7\%$ に上昇、目標資本構成比率は50：70とする。他の条件は不変とする）。

$$r_{E,L} = 7\% + \frac{50}{70} \times (1-30\%) \times (7\%-2\%) = 9.50\%$$

$$WACC = 2\% \times (1-30\%) \times \frac{50}{120} + 9.50\% \times \frac{70}{120} = 6.125\%$$

(3) (1)と(2)が同時に起こった場合（$r_A = r_{E,U} = 7\%$に上昇、目標資本構成比率は50 : 70とする）。

$$r_{E,L} = 7\% + \frac{50}{70} \times (1-30\%) \times (7\% - 3\%) = 9.00\%$$

$$\text{WACC} = 3\% \times (1-30\%) \times \frac{50}{120} + 9.00\% \times \frac{70}{120} = 6.125\%$$

A. 8-2

この場合、図表8-2の貸借対照表の左側は、事業用資産、節税効果ともに6％となるので、資産全体も6％となる。したがって、MMの第2命題と同じ関係式で、負債発行後の節税効果を加味した株主資本コスト（$r_{E,L}$）は計算される。

$$r_{E,L} = r_{E,U} + \frac{D}{E} \times (r_{E,U} - r_D) \qquad \text{（式8-1 修正版）}$$

$$\beta_{E,L} = \beta_{E,U} + \frac{D}{E} \times (\beta_{E,U} - \beta_D) \qquad \text{（式8-3 修正版）}$$

これを図表8-2の事例に当てはめて計算すると、以下の通りとなる。

$$r_{E,L} = 6\% + \frac{50}{70} \times (6\% - 2\%) = 8.857\%$$

$$\text{税引後 WACC} = 2\% \times (1-40\%) \times \frac{50}{120} + 8.857\% \times \frac{70}{120} = 5.667\%$$

本文中で書いたように、事業用資産は、毎年6のフリー・キャッシュフローを生むと仮定して、税引後 WACC を用いて永久債の公式で割り引くと、

$$A_L = \frac{6}{5.667\%} = 105.9 = A_U + 節税効果の現在価値$$

となる。したがって、節税効果の現在価値は 5.9 となり、本文中の 20 に比べて大幅に小さくなる。なお、この場合、

$$\frac{D}{D+E} = \frac{50}{120} \quad \frac{E}{D+E} = \frac{70}{120}$$

となる資本構成より、$D = 44.1$、$E = 61.8$ となることに注意しよう。

第 **2** 部

企業価値評価・実務編

第10章

エンタプライズDCF法の実務

[STAGE 1]
過去の業績分析

ここまで、主にエンタプライズDCF法（以下、DCF法と呼ぶ）を念頭に、企業価値評価を理解するうえで必要なファイナンス理論について述べてきた。本章からは実務編として、実際に上場企業の財務諸表を用いて、DCF法による企業価値評価を行ってみよう。

　第9章までの理論編では、フリー・キャッシュフローが予測されていることを前提に、ファイナンス理論からどのようにして割引率（WACC）を求めるかの説明が中心であった。しかし、実際に企業価値評価の実務を行う場合には、評価対象企業のフリー・キャッシュフローを予測しなければならない。

　第9章の**図表9-1**で解説した通り、フリー・キャッシュフローは、企業の事業から得られた営業利益から（みなし）法人税を支払った、（みなし）税引後の営業利益（NOPLAT: Net Operating Profit Less Adjusted Taxes）を求めて（図表9-1(3a)）、そこから、将来事業活動を成長させるための追加投資に必要なキャッシュフローを確保・再投資し（図表9-1(4a)）、残ったキャッシュフローをフリー・キャッシュフローとして求める（図表9-1(4b)）。なお、エンタプライズDCF法に必要なNOPLAT、再投資額、フリー・キャッシュフローは、すべて予測ベースのものであり、実績値は直接DCF法には必要ないことに注意しよう。

　具体的な実務の手順でいえば、予測NOPLATは、予測損益計算書から求める。また、予測再投資額は、主に予測貸借対照表を作成して、事業用資産の今後の推移を見ながら求める。したがって、予測フリー・キャッシュフローを求めるためには、一部の企業で業績目標として提示されているような、売上、営業利益、NOPLATの損益計算書上の数値だけでは十分ではなく、貸借対照表上の項目の予測も必要になる。

　以上について、第2部の実務編では、モスフードサービス（東京証券取引所第1部上場）を題材に手順を説明する。そこで用いる実際の予測損益計算書、予測貸借対照表、およびそれぞれを整理して作成される予測NOPLAT、予測投下資産のイメージを基に、実務の流れを示したのが**図表10-1**である。

　第2部では、このフリー・キャッシュフローの算定について、順を追って見ていくことにする。具体的には、DCF法による企業価値評価の手順を以下4つの

ステージに分け、それぞれをより細かいステップに分けて説明する。

STAGE 1：過去の業績分析
STAGE 2：将来の業績とフリー・キャッシュフローの予測
STAGE 3：資本コストの推定
STAGE 4：継続価値と企業価値の算定

本章では、STAGE1について説明する。将来の予測フリー・キャッシュフローを求めるためには、まず、過去の当該企業の業績を分析、把握することが必要であり、これが将来の業績予測とその評価の基礎となる。過去の分析からは、当該企業が、どのような要素からキャッシュフローを稼ぎ出しているのか、すなわち、その企業のバリュー・ドライバーは何か、を考える。なかでも、投下資産利益率（ROIC: Return on Invested Capital）と成長率をきちんと分析しておくことで、将来業績の分析が行いやすくなる。

STAGE1の分析について、本書ではさらに、以下の細かい4つのステップに分けて行う。評価対象企業の過去の業績を順序立てて整理することで、将来発生するフリー・キャッシュフローの予測に関する業績について見落としをなくし、より精緻な要因分析ができるようになるはずである。

STEP 1：財務諸表の再構成と投下資産の計算
STEP 2：NOPLAT の計算
STEP 3：フリー・キャッシュフローの計算
STEP 4：ROIC の要素分解と過去業績の詳細な分析・評価

以下、各ステップにおいて、どのような点に留意して作業するかを説明する。その際、評価対象企業としてモスフードサービスを取り上げ、計算シートの事例も示す。なお、以下の計算シートでは小数点以下を四捨五入するため、本文や図表の値に誤差が生ずる箇所があることを、あらかじめ申し添えておく。

図表10-1 エンタプライズDCF法の流れ（単位：百万円）

予測損益計算書

(株)モスフードサービス　予測損益計算書

	2018/03	2019/03 ……
売上高	71,200	
売上原価（除減価償却費）	(32,840)	
販売費及び一般管理費（除減価償却費）	(32,438)	
減価償却費	(2,223)	
営業利益又は営業損失	3,700	
受取利息・受取配当金	187	
支払利息	(21)	
その他営業外損益	0	
経常利益又は経常損失	3,866	
特別損益	0	
税金等調整前当期純利益又は純損失	3,866	
法人税等	(1,193)	
非支配株主に帰属する当期純利益又は純損失の控除	0	
親会社株主に帰属する当期純利益又は純損失	2,673	
その他包括利益又は損失（△）	0	
包括利益	2,673	

予測貸借対照表

(株)モスフードサービス　予測貸借対照表

	2018/03	2019/03 ……
余剰（非事業用）現金及び現金等価物	13,837	
営業用現金	1,424	
受取手形・売掛金	4,343	
棚卸資産	3,275	
その他の流動資産	1,175	
流動資産計	24,054	
償却対象固定資産償却後残高	8,129	
その他有形固定資産	1,478	
有形固定資産計	9,607	
無形固定資産	2,160	
投資等	28,280	
固定資産計	30,439	
資産合計	64,100	

予測 NOPLAT

(株)モスフードサービス　予測 NOPLAT

	2018/03	2019/03 ……
売上高	71,200	
売上原価	(32,840)	
販売費及び一般管理費	(32,438)	
減価償却費	(2,223)	
EBITA	3,700	
退職給付債務に関する調整（利息費用）	11	
調整後 EBITA	3,711	
調整後 EBITA に対する税金	(1,142)	
予測 NOPLAT	2,569	

予測フリー・キャッシュフロー

(株)モスフードサービス　予測フリー・キャッシュフロー

	2018/03	2019/03 ……
予測 NOPLAT	2,569	
減価償却費	2,223	
グロス・キャッシュフロー	4,792	
－ 営業運転資金の増加	(341)	
－ 設備投資（総額）	(1,748)	
－ 正味その他営業用固定資産の増加	155	
グロス投資額	(1,934)	
予測フリー・キャッシュフロー	2,857	

予測投下資産

(株)モスフードサービス　予測投下資産

	2018/03	2019/03 ……
営業流動資産	10,217	
営業流動負債	(9,993)	
営業運転資金	224	
償却対象固定資産償却後残高	8,129	
正味その他営業用固定資産	1,327	
営業用投下資産	9,681	

STEP 1 財務諸表の再構成と投下資産の計算

　過去の業績分析の中でもっとも重要なことは、評価対象企業の価値が、どのような要因によって影響を受けているかを明らかにすることである。こうした要因を「バリュー・ドライバー」と呼んでいる。

　一般にバリュー・ドライバーの中で重要なものは、売上・利益・投下資産額などの成長率と、事業に投下した資産がどの程度の収益率を上げるかという2つの要素である。後者の収益率については、一般に投下資産利益率（ROIC: Return on Invested Capital）という指標で計測する。まず、ROICの計算式を見ていこう。

$$\text{ROIC} = \frac{\text{NOPLAT}}{\text{投下資産}}$$

ただし、

NOPLAT：Net Operating Profit Less Adjusted Taxes・みなし税引後の営業利益

投下資産：運転資本（ワーキング・キャピタル）＋事業用有形固定資産＋その他の事業用資産 [注1]

　STEP 1では、過去の財務諸表を見ながら、評価対象企業の投下資産にど

[注1] 投下資産の残高について、年度中のどの時点での残高を用いるべきかについては、議論がある。期初の資産で当年度のNOPLATが生み出されたと考えれば、期初の投下資産残高を用いることになるが、現実問題としては、年度の途中で取得した投下資産もNOPLATを生み出していることを勘案すると、期初と期末を平均した残高を用いることになる。私見としては、平均残高が望ましいように思えるが、実務上は、期初の残高や場合によっては、期末の残高を用いた数値が報告されている場合もある。なお、期末の残高や平均残高を用いる場合、表計算ソフト内で「循環参照」が発生する可能性があり、評価モデルの作成はより複雑になる。

のようなものがあるのかを整理する。最初に財務諸表上の細かい勘定科目について、その性格を理解しながら、類似のものを合算して要約貸借対照表・要約損益計算書を作成する。そして、要約貸借対照表から、投下資産（事業用の流動資産、および固定資産）の合計額を計算する。

なお、投下資産の計算のためには、事業用資産と、それ以外の余剰現預金（事業用に必要な現預金残高を超える部分）や非事業用資産を区別し、整理しておく必要がある。上述のROICの計算においては、一般的にNOPLAT（分子）と、それを生み出す元手となった投下資産を分母として比率を求めることで、分子と分母の整合性を取るのが通常だからである。

SUB-STEP 1　過去の財務諸表の収集

SUB-STEP 1では、過去の財務諸表を収集する。過去の財務諸表は、インターネット上で金融庁が運用するEDINETというサイトから有価証券報告書をダウンロードすることで入手できる。

図表10-2に、2012年3月期から2017年3月期までの6期分のモスフードサービスの財務諸表をまとめて掲載した[注2]。ここで注意すべき点は、会計基準の変更等により、名称が変更になったり、削除・追加されたりした項目があるため、それが何であるのかをよく理解しておくことである。この点については、SUB-STEP 2の個々の項目の詳細を解説する際にコメントする。

SUB-STEP 2　要約損益計算書・要約貸借対照表の作成

SUB-STEP 2では、SUB-STEP 1で収集した財務諸表を用いて、将来キャッシュフローを予測しやすいように、損益計算書や貸借対照表の要約を作成する。図表10-2を基に、要約損益計算書、要約貸借対照表を計算したのが、それぞれ図表10-3、および図表10-4である。

[注2]　なるべく元の財務諸表に忠実に再現しているが、一部の財務諸表の項目については簡略化している。

図表10-2　モスフードサービスの財務諸表

損益計算書

(株)モスフードサービス　有価証券報告書原データ　　　　　　　　　　　　　　　　（単位：百万円）

	2012/03	2013/03	2014/03	2015/03	2016/03	2017/03
売上高・営業収益	62,672	62,371	65,330	66,310	71,114	70,929
売上原価・営業原価	33,253	32,502	33,930	34,658	35,752	34,611
売上総利益	29,419	29,869	31,400	31,653	35,362	36,318
販売費及び一般管理費	27,332	27,980	29,242	30,098	31,538	31,655
営業利益	2,087	1,889	2,157	1,555	3,824	4,664
受取利息	114	90	62	64	105	123
受取配当金	66	89	95	72	67	64
賃貸料収入	1,528	1,326	1,086	814	595	258
協賛金収入	53	37	23	1	11	0
持分法による投資利益	132	73	7	0	0	0
その他営業外収益	146	153	197	214	220	225
営業外収益合計	2,038	1,768	1,470	1,165	999	671
支払利息・割引料	19	23	22	25	28	21
設備賃貸費用	1,619	1,404	1,111	849	572	257
持分法による投資損失	0	0	0	109	27	21
雑支出	122	106	115	214	185	143
営業外費用合計	1,759	1,533	1,248	1,196	811	442
経常利益	2,366	2,124	2,379	1,524	4,012	4,893
有価証券売却益	0	146	116	0	57	4
固定資産売却益	73	66	154	169	158	249
その他特別利益	612	28	0	65	2	8
特別利益合計	685	240	271	235	217	261
事業・組織再編関連損	0	12	0	0	0	0
減損損失	106	158	358	289	380	378
有価証券売却損	2	0	15	1	0	23
有価証券評価損	80	19	146	20	62	0
その他資産処分損・評価損	89	105	226	105	249	153
引当金・準備金繰入額	0	61	2	12	3	24
その他特別損失	99	0	0	243	12	28
特別損失合計	376	355	747	669	706	605
税金等調整前当期純利益	2,676	2,010	1,903	1,089	3,523	4,549
法人税等	847	493	155	468	1,238	1,488
少数株主損益調整前当期純利益	1,829	1,517	1,747	621	2,285	3,062
少数株主損益	6	△4	3	△52	△0	11
当期利益	1,823	1,521	1,744	673	2,285	3,050

図表10-2　モスフードサービスの財務諸表

貸借対照表（資産の部）

（株）モスフードサービス　有価証券報告書原データ

（単位：百万円）

	2012/03	2013/03	2014/03	2015/03	2016/03	2017/03
（資産の部）						
現金・預金	4,720	5,337	5,782	7,789	8,264	10,304
受取手形・売掛金	3,978	3,978	4,049	4,055	4,331	4,346
有価証券	6,436	9,455	8,166	2,900	5,065	2,300
商品・製品	2,659	2,910	2,860	2,797	3,218	2,750
原材料・貯蔵品	178	274	324	325	333	314
繰延税金資産	210	240	278	278	304	293
その他流動資産	1,055	847	1,064	824	846	921
貸倒引当金（▲）	△23	△23	△24	△19	△11	△5
流動資産合計	19,212	23,019	22,498	18,949	22,351	21,223
建物及び構築物	10,787	10,399	10,304	10,060	9,533	9,094
減価償却累計額、建物及び構築物	△6,805	△6,398	△6,179	△5,871	△5,554	△5,375
建物及び構築物（純額）	3,983	4,001	4,125	4,189	3,979	3,719
機械装置及び運搬具	206	259	295	293	213	190
減価償却累計額、機械装置及び運搬具	△100	△123	△153	△175	△122	△106
機械装置及び運搬具（純額）	105	135	141	118	91	83
工具、器具及び備品	5,836	6,422	7,780	8,425	8,350	8,367
減価償却累計額、工具、器具及び備品	△3,547	△3,818	△4,237	△4,642	△5,080	△3,565
工具、器具及び備品（純額）	2,289	2,605	3,543	3,783	3,270	4,802
土地	1,798	1,798	1,458	1,461	1,300	1,296
建設仮勘定	331	37	201	66	31	27
有形固定資産合計	8,506	8,576	9,469	9,617	8,671	9,927
無形固定資産合計	796	837	1,235	1,288	1,697	2,160
投資有価証券	8,090	6,417	9,154	13,454	11,981	16,064
関係会社有価証券	1,842	1,877	1,964	2,138	2,269	2,272
長期貸付金	1,798	1,592	1,633	1,461	1,300	1,251
差入保証金	5,287	5,302	5,338	5,281	4,989	4,914
繰延税金資産	416	231	184	95	97	56
その他の投資・その他の資産	2,868	2,812	1,867	3,134	4,405	3,822
貸倒引当金（▲）	△287	△228	△128	△103	△93	△66
投資損失引当金（▲）	△81	△61	△4	△12	△10	△34
投資・その他の資産合計	19,933	17,942	20,007	25,447	24,937	28,280
固定資産合計	29,235	27,355	30,710	36,352	35,305	40,366
資産合計	48,447	50,373	53,208	55,301	57,656	61,589

図表10-2 モスフードサービスの財務諸表

貸借対照表（負債・純資産の部）

（株）モスフードサービス　有価証券報告書原データ

(単位：百万円)

	2012/03	2013/03	2014/03	2015/03	2016/03	2017/03
（負債の部）						
支払手形・買掛金	3,538	3,925	4,401	4,198	4,252	3,857
短期借入金	388	438	448	702	627	417
未払法人税等	365	175	87	349	1,063	1,103
役員賞与引当金（未払役員報酬・賞与）	0	0	0	0	14	0
賞与引当金	407	375	425	397	449	461
ポイント引当金	0	8	10	35	40	41
繰延税金負債	0	0	0	1	1	0
資産除去債務（資産除去債務引当金）	9	20	39	13	17	27
リース債務	148	140	171	163	162	124
その他流動負債	2,585	2,843	3,564	4,132	4,397	4,665
流動負債合計	7,441	7,923	9,145	9,991	11,021	10,695
長期借入金	523	250	130	17	0	1,900
繰延税金負債	20	24	14	324	255	223
役員等株式給付引当金	0	0	0	0	0	56
退職給付に係る負債（退職給付引当金）	386	436	446	326	381	394
資産除去債務（資産除去債務引当金）	156	175	222	246	239	209
リース債務	269	255	251	278	189	150
その他固定負債	1,411	1,528	1,650	1,742	1,767	1,822
固定負債合計	2,766	2,669	2,712	2,934	2,831	4,754
負債合計	10,207	10,592	11,857	12,925	13,853	15,449
（純資産の部）						
資本金	11,413	11,413	11,413	11,413	11,413	11,413
資本剰余金	11,101	11,101	11,101	11,101	11,050	11,115
利益剰余金	17,759	18,657	19,774	19,774	21,374	23,588
自己株式（▲）	△1,608	△1,609	△1,610	△1,612	△1,613	△1,709
株主資本合計	38,665	39,562	40,677	40,676	42,224	44,407
その他有価証券評価差額金	△69	251	280	1,077	1,123	1,208
為替換算調整勘定	△444	△122	292	600	459	349
退職給付に係る調整累計額	0	0	△8	△57	△91	5
その他の包括利益累計額合計	△513	129	565	1,619	1,491	1,562
少数株主持分	89	91	109	81	89	171
純資産合計	38,241	39,782	41,351	42,376	43,803	46,140
負債・純資産合計	48,447	50,373	53,208	55,301	57,656	61,589

図表10-3 要約損益計算書

(株)モスフードサービス　要約損益計算書　　　　　　　　　　　　　　　　（単位：百万円）

		2012/03	2013/03	2014/03	2015/03	2016/03	2017/03
1	売上高	62,672	62,371	65,330	66,310	71,114	70,929
2	売上原価（除減価償却費）	(31,307)	(30,560)	(32,174)	(32,606)	(33,725)	(32,715)
3	販売費及び一般管理費	(27,332)	(27,980)	(29,242)	(30,098)	(31,538)	(31,655)
4	減価償却費	(1,946)	(1,942)	(1,756)	(2,052)	(2,027)	(1,896)
5	営業利益又は営業損失	2,087	1,889	2,157	1,555	3,824	4,664
6	受取利息・受取配当金	180	179	157	136	172	187
7	支払利息	(19)	(23)	(22)	(25)	(28)	(21)
8	その他営業外損益	118	79	86	(142)	43	63
9	経常利益又は経常損失	2,366	2,124	2,379	1,524	4,012	4,893
10	特別損益	309	(115)	(476)	(435)	(489)	(343)
11	税金等調整前当期純利益又は純損失	2,676	2,010	1,903	1,089	3,523	4,549
12	法人税等	(847)	(493)	(155)	(468)	(1,238)	(1,488)
13	非支配株主に帰属する当期純利益又は純損失(控除項目)	(6)	4	(3)	52	0	(11)
14	親会社株主に帰属する当期純利益又は純損失	1,823	1,521	1,744	673	2,285	3,050
15	その他包括利益又は損失	124	654	454	1,004	(131)	53
16	包括利益又は損失	1,953	2,171	2,202	1,625	2,154	3,115

まず、**図表10-3**の要約損益計算書について、2012年3月期のデータを基に、どのように各項目が計算されているかを説明しよう。

1 売上高

原データのまま、62,672百万円を用いる。

2 売上原価（除減価償却費）（両者とも費用項目のためマイナス表記）

減価償却費は、損益計算書上では費用であるが、実際の現金支出は伴わない。そこで、キャッシュフローの算定にあたっては、減価償却費を費用か

ら除く。具体的には、「売上原価」から「減価償却費」を差し引いたものを算出し、「減価償却費」（項目**4**）とは別建てで記載しておくことで、予測財務諸表の作成の際に役立つ。「減価償却費」は、損益計算書上ではなく、キャッシュフロー計算書（本書では掲載していない）の「営業活動によるキャッシュフロー」の欄から転記する。また、現在の連結財務諸表では、売上原価の明細が開示されていないので、減価償却費のうち「売上原価」に算入されているものと、「販売費及び一般管理費」に算入されているものとが区別できない。ここでは、減価償却費の全額が売上原価に含まれていると仮定して計算する。具体的には、2012年3月期においては、減価償却費は1,946百万円である。この金額を同期の売上原価33,253百万円から差し引いた31,307百万円（＝33,253−1,946）が項目**2**に、減価償却費の1,946百万円が項目**4**に入力されている。

3 販売費及び一般管理費（費用項目のためマイナス表記）

原データのまま、27,332百万円を用いる。

4 減価償却費（費用項目のためマイナス表記）

上記**2**を参照。

5 営業利益又は営業損失

2012年3月期においては、62,672−（31,307＋27,332＋1,946）＝2,087百万円（営業利益）。

6 受取利息・受取配当金

受取利息（114百万円）と受取配当金（66百万円）の合算金額、180百万円。

7 支払利息（費用項目のためマイナス表記）

原データのまま、19百万円を用いる。

8 その他営業外損益

6以外の営業外収益（1,858百万円＝営業外収益合計2,038百万円−上記**6**180百万円）から、**7**以外の営業外費用（1,740百万円＝営業外費用合計1,759百万円−上記**7**19百万円）を差し引いた差額である

118百万円を入力。

9 経常利益又は経常損失

営業利益（**5**：2,087百万円）＋**6**〜**8**の合計（279百万円）＝2,366百万円（営業利益）。

10 特別損益

特別利益合計（685百万円）－特別損失合計（376百万円）＝309百万円。

11 税金等調整前当期純利益又は純損失

経常利益（**9**：2,366百万円）＋特別損益（**10**：309百万円）＝2,676百万円（純利益、端数の関係で2,676百万円となっている）。

12 法人税等（費用項目のためマイナス表記）

原データのまま、847百万円を用いる。

13 非支配株主に帰属する当期純利益又は純損失（控除項目）

2016年3月期決算から、会計基準の変更により掲題の勘定科目となった（それ以前は「少数株主利益又は損失」と呼ばれていた）。連結子会社の当期純利益（または純損失）のうち、非支配株主（少数株主）に帰属する分を控除（純損失の場合は足し戻し）する金額を指す。連結子会社の当期純利益が黒字の場合はマイナス、赤字の場合はプラスとなる。2012年3月期においては、－6百万円となっている。

14 親会社株主に帰属する当期純利益又は純損失

2016年3月期決算から、会計基準の変更により掲題の勘定科目となった（それ以前は単に「当期純利益」と呼ばれていた）[注3]。1株当たり利益（EPS）の算定基準となる数値。2012年3月期においては、税金等調整前当期純利益（**11**：2,676百万円）＋**12**（法人税等：－847百万円）＋**13**（(旧)少数株主利益：－6百万円）＝1,823百万円（当期純利益）。

[注3] 2016年3月期決算から、会計基準の変更により「当期純利益」は、「非支配株主に帰属する当期純利益又は純損失」（項目**13**）の控除前の数値を示すこととなり、「税金等調整前当期純利益又は純損失」（項目**11**）から、「法人税等」（項目**12**）を控除した金額が記載されている。

15 その他包括利益又は損失

参考項目。損益計算書ではなく、連結包括利益計算書（本書では掲載していない）から転記（2012年3月期においては124百万円）。

16 包括利益又は損失

参考項目。2012年3月期においては、**14**（（旧）当期純利益：1,823百万円）−**13**（（旧）少数株主利益：−6百万円）＋**15**（その他包括利益：124百万円）＝1,953百万円（純利益）。

次に、**図表10-4**の要約貸借対照表についても、同様に説明しよう。

1 余剰（非事業用）現金及び現金等価物

下記**2**を参照。

2 事業用現金

現金・預金＋有価証券を「現金及び現金等価物」としてまとめた後に、事業の継続に必要なため（例：店舗におけるレジの現金など）企業が保有しておく必要がある「事業用現金」を、各年度の売上高の2％（平均的な約1週間分の売上高相当）として計算した。これを現金及び現金等価物から差し引いた残額を、「余剰（非事業用）現金及び現金等価物」とした。2012年3月期においては、現金及び現金等価物の残高は、11,156百万円（＝現金・預金4,720百万円＋有価証券6,436百万円）と計算され、ここから事業用現金1,253百万円（＝売上高62,672百万円×2％）を差し引いた9,902百万円が、余剰（非事業用）現金及び現金等価物と計算される。

3 受取手形・売掛金

原データのまま入力。2012年3月期においては、3,978百万円。

4 棚卸資産

商品・製品と原材料・貯蔵品を合算したものを入力。2012年3月期においては、2,659百万円＋178百万円＝2,837百万円。

図表10-4　要約貸借対照表

(株)モスフードサービス　要約貸借対照表　　　　　　　　　　　　　　　　(単位：百万円)

		2012/03	2013/03	2014/03	2015/03	2016/03	2017/03
1	余剰（非事業用）現金及び現金等価物	9,902	13,545	12,641	9,363	11,907	11,185
2	事業用現金（売上高×2％）	1,253	1,247	1,307	1,326	1,422	1,419
3	受取手形・売掛金	3,978	3,978	4,048	4,055	4,331	4,346
4	棚卸資産	2,837	3,184	3,184	3,122	3,551	3,063
5	その他の流動資産	1,242	1,065	1,318	1,083	1,139	1,209
6	流動資産計	19,212	23,019	22,498	18,949	22,351	21,223
7	償却対象固定資産総額	16,829	17,081	18,379	18,778	18,096	17,651
8	減価償却累計額	(10,452)	(10,339)	(10,569)	(10,689)	(10,756)	(9,047)
9	その他有形固定資産	2,128	1,833	1,660	1,526	1,330	1,323
10	有形固定資産計	8,505	8,575	9,469	9,616	8,670	9,927
11	無形固定資産	796	837	1,235	1,288	1,697	2,160
12	投資等	19,934	17,942	20,006	25,447	24,938	28,280
13	固定資産計	29,235	27,354	30,710	36,351	35,305	40,366
14	資産合計	48,447	50,373	53,208	55,300	57,656	61,589
15	支払手形・買掛金	3,538	3,925	4,401	4,198	4,252	3,857
16	短期借入金・リース債務	536	578	619	865	789	540
17	その他の流動負債	3,367	3,420	4,124	4,928	5,980	6,297
18	流動負債計	7,441	7,923	9,145	9,991	11,021	10,695
19	長期借入金・リース債務	792	505	381	295	189	2,050
20	退職給付債務	386	436	446	326	381	394
21	その他の固定負債	1,588	1,728	1,886	2,313	2,261	2,310
22	固定負債計	2,766	2,669	2,712	2,934	2,831	4,754
23	負債合計	10,207	10,592	11,857	12,925	13,853	15,449
24	資本金	11,413	11,413	11,413	11,413	11,413	11,413
25	資本剰余金	11,101	11,101	11,101	11,101	11,050	11,115
26	利益剰余金	17,759	18,657	19,774	19,774	21,374	23,588
27	自己株式	(1,608)	(1,609)	(1,610)	(1,612)	(1,613)	(1,709)
28	その他の包括利益累計額	(513)	129	565	1,619	1,491	1,562
29	少数株主持分（非支配株主持分）等	89	91	109	81	89	171
30	純資産合計	38,241	39,782	41,351	42,376	43,803	46,140
31	負債・純資産合計	48,447	50,373	53,208	55,301	57,656	61,589
32	バランスチェック	△0	△1	△0	△1	△0	0

5 その他の流動資産

繰延税金資産、その他流動資産、貸倒引当金（マイナス項目）を合算したものを入力。2012年3月期においては、210百万円＋1,055百万円－23百万円＝1,242百万円。

6 流動資産計

1～5の合計。2012年3月期においては、19,212百万円。

7 償却対象固定資産総額

償却対象資産である、建物及び構築物、機械装置及び運搬具、工具、器具及び備品の償却前残高を合算したものを入力。2012年3月期においては、10,787百万円＋206百万円＋5,836百万円＝16,829百万円。

8 減価償却累計額

償却対象資産である、建物及び構築物、機械装置及び運搬具、工具、器具及び備品の減価償却累計額を合算したものを入力（マイナス項目）。2012年3月期においては、－6,805百万円－100百万円－3,547百万円＝－10,452百万円。

9 その他有形固定資産

土地と建設仮勘定の合計を入力。2012年3月期においては、1,798百万円＋331百万円＝2,128百万円。

10 有形固定資産計

7～9の合計。2012年3月期においては、8,505百万円。

11 無形固定資産

無形固定資産合計の原データをそのまま入力。2012年3月期においては、796百万円。

12 投資等

投資有価証券、関係会社有価証券、長期貸付金、差入保証金、繰延税金資産、その他の投資・その他の資産、貸倒引当金（マイナス項目）、投資損失引当金（マイナス項目）、以上を合算したものを入力。2012年3月期においては、8,090百万円＋1,842百万円＋1,798百万円＋5,287百万円

＋416百万円＋2,868百万円－287百万円－81百万円＝19,934百万円。

13 固定資産計
10〜12の合計。2012年3月期においては、29,235百万円。

14 資産合計
6と13の合計。2012年3月期においては、48,447百万円。

15 支払手形・買掛金
「支払手形・買掛金」の項目をそのまま入力。2012年3月期においては、3,538百万円。

16 短期借入金・リース債務
（連結貸借対照表上の）「短期借入金」と連結附属明細表（本書では掲載していない）の「借入金等明細表」の「1年以内に返済予定のリース債務」を合算したものを入力。2012年3月期においては、388百万円＋148百万円＝536百万円。

17 その他の流動負債
流動負債に分類される勘定科目のうち、上記15と16に計上されていないものを合算して計上。具体的には、「その他」の中に16で計上した「1年以内に返済予定のリース債務」が含まれるため、実際には個別の項目を足し合わせるのではなく、18－（15＋16）で求めている（2012年3月期においては、7,441百万円－（3,538百万円＋536百万円）＝3,367百万円）。

18 流動負債計
流動負債合計の原データをそのまま入力。2012年3月期においては、7,441百万円。

19 長期借入金・リース債務
（連結貸借対照表上の）「長期借入金」と連結附属明細表（本書では掲載していない）の「借入金等明細表」の「リース債務（1年以内に返済予定のものを除く）」を合算したものを入力。2012年3月期においては、523百万円＋269百万円＝792百万円。

20 退職給付債務

「退職給付引当金」の項目をそのまま入力。2012年3月期においては、386百万円。

21 その他の固定負債

固定負債に分類される勘定科目のうち、上記 **19** と **20** に計上されていないものを合算して計上。具体的には、「その他」の中に **19** で計上した「リース債務（1年以内に返済予定のものを除く）」が含まれるため、実際には個別の項目を足し合わせるのではなく、**22** −（**19** ＋ **20**）で求めている（2012年3月期においては、2,766百万円−（792百万円＋386百万円）＝1,588百万円）。

22 固定負債計

固定負債合計の原データをそのまま入力。2012年3月期においては、2,766百万円。

23 負債合計

18 と **22** の合計。2012年3月期においては、10,207百万円。

24 資本金

原データのまま入力。2012年3月期においては、11,413百万円。

25 資本剰余金

原データのまま入力。2012年3月期においては、11,101百万円。

26 利益剰余金

原データのまま入力。2012年3月期においては、17,759百万円。

27 自己株式（マイナス項目）

原データのまま入力。2012年3月期においては、−1,608百万円。

28 その他の包括利益累計額

「その他の包括利益累計額合計」をそのまま入力。2012年3月期においては、−513百万円。

29 少数株主持分（非支配株主持分）等

「少数株主持分」（2016年3月期は、「非支配株主持分」）をそのまま入力。2012年3月期においては、89百万円。

30 純資産合計

24〜**29**の合計。2012年3月期においては、38,241百万円。

31 負債・純資産合計

23と**30**の合計。2012年3月期においては、48,447百万円。

32 バランスチェック

貸借対照表の貸方と借方の合計額が、バランスすることを確認するためのチェック項目。**14**−**31**を計算。2012年3月期においては、端数の関係で△0百万円となっているが、誤差の範囲内。

SUB-STEP 3 投下資産の計算

　SUB-STEP 3では、SUB-STEP 2で作成した要約貸借対照表を元に、事業に投下している資産（営業用資産）の残高を計算する。次に、貸借対照表を整理して、投下資本の明細表を作成する。ここで重要なのは、「投下資産」と呼ばれる、フリー・キャッシュフローを発生させる源泉となる資産、すなわち事業用資産と、それ以外の「非事業用資産」の区分である。事業用資産に非事業用資産を加えて、企業が投資した総額を求めたものは「投下資本」と呼ばれ[注4]、企業が使用している資本の総額を示す。貸借対照表の構造上、この投下資本の合計は、企業の投資使途面（貸借対照表の左側）に着目して計算した場合と、資本調達面（貸借対照表の右側）に着目して計算した場合とで数値が一致する。なお、計算過程においては、無利子の営業用負債については、営業用資産と相殺して純残高として計上する。

　ここでは実際に、モスフードサービスについて投下資産を整理した**図表10-5**に基づいて、個々の項目の計算過程を説明しよう。

1 営業流動資産

　要約貸借対照表の「流動資産計」（**図表10-4**・項目**6**）から、非事業用

[注4] これらの用語は、マッキンゼー［2016］に準拠している。

図表10-5　投下資産と投下資本の計算

(株)モスフードサービス　投下資産と投下資本　　　　　　　　　　　　　　　　(単位：百万円)

投資使途から見た投下資本

		2012/03	2013/03	2014/03	2015/03	2016/03	2017/03
1	営業流動資産	9,310	9,474	9,857	9,586	10,444	10,037
2	営業流動負債	(6,905)	(7,345)	(8,525)	(9,126)	(10,233)	(10,154)
3	営業運転資金	2,405	2,128	1,331	460	211	(117)
4	償却対象固定資産償却後残高	6,377	6,742	7,809	8,090	7,340	8,604
5	正味その他営業用固定資産	1,337	943	1,008	502	766	1,173
6	営業用投下資産	**10,118**	**9,813**	**10,149**	**9,052**	**8,316**	**9,659**
7	余剰現預金	9,902	13,545	12,641	9,363	11,907	11,185
8	投資等	19,934	17,942	20,006	25,447	24,938	28,280
9	投下資本総額	39,955	41,300	42,797	43,861	45,162	49,125

資本調達から見た投下資本

		2012/03	2013/03	2014/03	2015/03	2016/03	2017/03
10	長短借入金・リース債務	1,328	1,083	1,000	1,160	978	2,590
11	退職給付債務	386	436	446	326	381	394
12	株主資本（自己株式を除く）	40,273	41,170	42,287	42,288	43,836	46,116
13	自己株式	(1,608)	(1,609)	(1,610)	(1,612)	(1,613)	(1,709)
14	その他の包括利益累計額	(513)	129	565	1,619	1,491	1,562
15	非支配株主持分	89	91	109	81	89	171
16	投下資本総額	39,955	41,300	42,797	43,862	45,162	49,125
17	バランスチェック	(0)	(1)	(0)	(1)	(0)	0

資産に該当する「余剰（非事業用）現金及び現金等価物」（figure 10-4・項目 **1**）を控除した値を計算して入力。2012年3月期においては、19,212百万円－9,902百万円＝9,310百万円。

2 営業流動負債

要約貸借対照表の「流動負債計」（図表10-4・項目 **18**）から、有利子負債に該当する「短期借入金・リース債務」（図表10-4・項目 **16**）を控除した値を計算したもの。なお、**1** の営業流動資産と差引計算する関係で、計算された値をマイナスで入力している。2012年3月期においては、7,441百万円－536百万円＝6,905百万円（図表10-5は、－6,905百万円と入力）。

3 営業運転資金

1 と **2**（マイナスの数値で入力）の合計。2012年3月期においては、9,310百万円＋（－6,905百万円）＝2,405百万円。

4 償却対象固定資産償却後残高

要約貸借対照表の「償却対象固定資産総額」（図表10-4・項目 **7**）と、「減価償却累計額」（図表10-4・項目 **8**・マイナス項目）を合算した値を計算。2012年3月期においては、16,829百万円＋（－10,452百万円）＝6,377百万円。

5 正味その他営業用固定資産

要約貸借対照表の「その他有形固定資産」（図表10-4・項目 **9**）と、要約貸借対照表の「無形固定資産」（図表10-4・項目 **11**）を合算したものから、無利子負債である「その他の固定負債」（図表10-4・項目 **21**）を差し引いた値を計算。2012年3月期においては、2,128百万円＋796百万円－1,588百万円＝1,337百万円。

6 営業用投下資産

3 ～ **5** の合計。2012年3月期においては、2,405百万円＋6,377百万円＋1,337百万円＝10,118百万円。

7 余剰現預金

要約貸借対照表の「余剰（非事業用）現金及び現金等価物」（図表

10-4・項目**1**）の残高をそのまま入力。2012年3月期においては、9,902百万円。

8 投資等
要約貸借対照表の「投資等」（図表10-4・項目**12**）の残高をそのまま入力。なおここでは、「投資等」はすべて、直接フリー・キャッシュフローの基となる事業活動には無関係の資産（非事業用資産）であると仮定した。2012年3月期においては、19,934百万円。

9 投下資本総額
6～**8**の合計。2012年3月期においては、39,955百万円。

10 長短借入金・リース債務
要約貸借対照表の「短期借入金・リース債務」（図表10-4・項目**16**）と、「長期借入金・リース債務」（図表10-4・項目**19**）を合算したものを記入。2012年3月期においては、536百万円＋792百万円＝1,328百万円。

11 退職給付債務
要約貸借対照表の「退職給付債務」（図表10-4・項目**20**）の残高をそのまま入力。2012年3月期においては、386百万円。

12 株主資本（自己株式を除く）
要約貸借対照表の「資本金」（図表10-4・項目**24**）、「資本剰余金」（図表10-4・項目**25**）、「利益剰余金」（図表10-4・項目**26**）を合算したものを記入。2012年3月期においては、11,413百万円＋11,101百万円＋17,759百万円＝40,273百万円。

13 自己株式（マイナス項目）
要約貸借対照表の「自己株式」（図表10-4・項目**27**）の残高をそのまま入力。2012年3月期においては、－1,608百万円。

14 その他の包括利益累計額
要約貸借対照表の「その他の包括利益累計額」（図表10-4・項目**28**）の残高をそのまま入力。2012年3月期においては、－513百万円。

15 非支配株主持分

要約貸借対照表の「少数株主持分（非支配株主持分）等」（図表10-4・項目29）の残高をそのまま入力。2012年3月期においては、89百万円。

16 投下資本総額

10〜15の合計。2012年3月期においては、39,955百万円。

17 バランスチェック

投資使途から見た投下資本総額と、資本調達から見た投下資本総額が、バランスすることを確認するためのチェック項目。9 − 16 を計算。2012年3月期においては、端数の関係で（0）となっているが、誤差の範囲内。

STEP 2　NOPLATの計算

　NOPLATは、現金支払ベースで捉えた場合の、企業の税引後利益である。そのために、まず、EBITA（Earnings Before Interest, Taxes, and Amortization：支払利息・のれん償却費等営業外損益および税引前利益）を計算する。これは、評価対象企業に借入金がなく、営業権（のれん）の償却もない場合の税引前営業利益である。これには、損益計算書の営業収益までの項目のほとんどが含まれるが、受取利息、支払利息、事業撤退費用、特別損益、営業活動以外の投資からの収益は含めない。また、営業権の償却が営業利益の計算過程で含まれている場合には、足し戻す必要がある。

　EBITAが計算できたら、EBITA全額に対してかかると想定される、みなし法人税額を計算する。みなし法人税額は、財務諸表上で計上されている法人税額に、支払利息、受取利息、および営業外項目に対する税額調整をして計算する。ここでは、金融取引に関する課税や税控除と、それ以外の部分（営業や投資に関する課税）とを計算し、前者がEBITAから控除するみなし税額に含まれないように、差し引く必要がある。エンタプライズDCF法では、営業、投資活動から発生するキャッシュフローであるフリー・キャッシュフローを、加重平

均資本コスト（WACC）で割り引いて求めるので、金融取引に伴い発生する課税は、割引率であるWACCの計算の中で調整するのが原則だからである。

EBITAから、EBITAにかかるみなし法人税額を差し引くと、NOPLATが求められる。なお、この計算過程が正しいかどうかを検証するために、実際には当期利益からNOPLATを逆算し（具体的調整方法については、各企業の分析事例で詳細に述べる）、上記で計算した数字と合致するかをチェックする。

それでは実際に、モスフードサービスについて、過去のNOPLATを計算した過程を、**図表10-6**で説明しよう。ここでは、主にSUB-STEP 2で作成した中の、要約損益計算書（図表10-3）の数値が利用される。

1 ～ **4** 売上高、売上原価（除減価償却費）、販売費及び一般管理費、減価償却費

要約損益計算書の該当する項目（図表10-3・項目 **1** ～ **4**）の数値を、それぞれそのまま入力する。

5 損益計算書上のEBITA

1 から **2** ～ **4** の合計を差し引いたもの。モスフードサービスについては、営業権の償却がないので、EBITAは営業利益（図表10-3・項目 **5**）と合致する。2012年3月期においては、2,087百万円。

6 退職給付債務に関する調整（利息費用）

退職給付債務残高を有利子負債として認識する場合、営業費用の中に含まれている退職給付費用のうち利息費用を差し引いてEBITAを計算してしまうと、フロー（利息費用）とストック（退職給付債務残高）で二重にマイナスになってしまうため、この部分を足し戻す[注5]。利息費用については、有価証券報告書の注記「退職給付関係」の項より抽出する。2012年3月期においては、36百万円。

［注5］ 法人税法上、退職給付費用は損金とならないため、節税効果の調整は行っていない。

図表10-6　NOPLAT の計算

（株）モスフードサービス　NOPLAT

（単位：百万円）

		2012/03	2013/03	2014/03	2015/03	2016/03	2017/03
1	売上高	62,672	62,371	65,330	66,310	71,114	70,929
2	売上原価（除減価償却費）	(31,307)	(30,560)	(32,174)	(32,606)	(33,725)	(32,715)
3	販売費及び一般管理費	(27,332)	(27,980)	(29,242)	(30,098)	(31,538)	(31,655)
4	減価償却費	(1,946)	(1,942)	(1,756)	(2,052)	(2,027)	(1,896)
5	損益計算書上の EBITA	2,087	1,889	2,157	1,555	3,824	4,664
6	退職給付債務に関する調整（利息費用）	36	39	42	25	19	11
7	調整後 EBITA	2,123	1,928	2,199	1,580	3,843	4,675
8	調整後 EBITA に対する税金（マイナス項目）	(608)	(447)	(252)	(633)	(1,338)	(1,523)
9	NOPLAT	1,515	1,482	1,948	947	2,505	3,152
	EBITA に対する税金の計算						
10	法人税等	847	493	155	468	1,238	1,488
11	支払利息による節税額	8	9	8	9	9	6
12	受取利息・配当金に対する税金	(73)	(68)	(60)	(48)	(57)	(58)
13	その他営業外損益に対する税金	(48)	(30)	(32)	51	(14)	(19)
14	特別損益に対する税金	(125)	43	180	154	162	106
15	調整後 EBITA に対する税金	608	447	252	633	1,338	1,523
	当期利益からの算出						
16	親会社株主に帰属する当期純利益	1,823	1,521	1,744	673	2,285	3,050
17	税引後その他営業外損益（利益はマイナス）	(70)	(49)	(53)	92	(29)	(43)
18	税引後特別損益（利益はマイナス）	(184)	71	296	280	327	237
19	非支配株主に帰属する当期純利益又は純損失（足し戻し）	6	(4)	3	(52)	(0)	11
20	税引後支払利息（足し戻し）	11	14	13	16	19	15
21	退職給付債務のうちの利息費用（足し戻し）	36	39	42	25	19	11
22	税引後受取利息・配当金（差し引き）	(107)	(111)	(98)	(88)	(115)	(129)
23	NOPLAT	1,515	1,482	1,948	947	2,505	3,152
24	実効税率	40.50%	37.90%	37.90%	35.50%	33.06%	30.86%
25	バランスチェック	0	0	0	0	0	0

7 調整後 EBITA

5 + **6** の値を計算。2012年3月期においては、2,087百万円＋36百万円＝2,123百万円。

8 調整後 EBITA に対する税金（マイナス項目）

後述の **15** で計算した税額を、マイナス項目（NOPLAT を減少させる項目）として記入したもの。2012年3月期においては、−608百万円。

9 NOPLAT

7 と **8**（マイナス項目）の合計。2012年3月期においては、2,123百万円＋(−608百万円)＝1,515百万円。

10 法人税等

要約損益計算書の「法人税等」（図表10-3・項目**12**）について、符号をマイナスからプラスに変えて入力（**10**〜**14** の項目は、税額計算をするため、税額をプラス化して計算する）。2012年3月期においては、847百万円。

11 支払利息による節税額

要約損益計算書の「支払利息」（図表10-3・項目**7**）について、符号をマイナスからプラスに変えたものに、実効税率（項目**24**・後述）をかけて求める。支払利息による節税効果によって、EBITA に対する税金という観点でいうと、**10** の法人税額は少なめになっているので、節税効果分を足し戻す（税額を多めにする）ためである。2012年3月期においては、19百万円×40.50％≒8百万円。

12 受取利息・配当金に対する税金

要約損益計算書の「受取利息・受取配当金」（図表10-3・項目**6**）について、符号をプラスからマイナスに変えたものに、実効税率（項目**24**・後述）をかけて求める。受取利息・配当金による課税（非事業の所得への課税）によって、EBITA に対する税金という観点でいうと、**10** の法人税額は多めになっているので、その分を差し引く（税額を少なめにする）ためである。2012年3月期においては、−180百万円×40.50％≒−73百万円。

13 その他営業外損益に対する税金

要約損益計算書の「その他営業外損益」（図表10-3・項目**8**）について、符号をプラスからマイナスに（マイナスの場合プラスに）変えたものに、実効税率（項目**24**・後述）をかけて求める。その他営業外損益がプラス（営業外収益）の場合、それに対する課税によって、EBITAに対する税金という観点でいうと、**10**の法人税額は多めになっているので、その分を差し引く（税額を少なめにする）ためである。2012年3月期においては、−118百万円×40.50％≒−48百万円。

14 特別損益に対する税金

要約損益計算書の「特別損益」（図表10-3・項目**10**）について、符号をプラスからマイナスに（マイナスの場合プラスに）変えたものに、実効税率（項目**24**・後述）をかけて求める。特別損益がプラス（特別利益）の場合、それに対する課税によって、EBITAに対する税金という観点でいうと、**10**の法人税額は多めになっているので、その分を差し引く（税額を少なめにする）ためである。2012年3月期においては、−309百万円×40.50％≒−125百万円。

15 調整後EBITAに対する税金

以上の調整の結果として、**10**〜**14**を合算して、EBITAに対する税金を計算する。2012年3月期においては、847百万円＋8百万円＋（−73百万円）＋（−48百万円）＋（−125百万円）＝608百万円。

16 親会社株主に帰属する当期純利益

ここからは、NOPLATをボトムアップによって（当期純利益から足し上げて）求める過程である。まず、要約損益計算書の「親会社株主に帰属する当期純利益又は純損失」（図表10-3・項目**14**）を、そのまま入力する。2012年3月期においては、1,823百万円。

17 税引後その他営業外損益（利益はマイナス）

要約損益計算書の「その他営業外損益」（図表10-3・項目**8**）について、符号をプラスからマイナスに（マイナスの場合プラスに）変えたものに、（1−

実効税率〔項目■24・後述〕）をかけて求める。その他営業外損益がプラス（営業外収益）の場合、当期純利益はEBITAに比べて多めになっているので、その分を節税効果を考慮したうえで（税引後ベースで）差し引くためである。2012年3月期においては、−118百万円×（1−0.405）≒−70百万円。

18 税引後特別損益（利益はマイナス）

要約損益計算書の「特別損益」（図表10-3・項目■10）について、符号をプラスからマイナスに（マイナスの場合プラスに）変えたものに、（1−実効税率〔項目■24・後述〕）をかけて求める。特別損益がプラス（特別利益）の場合、当期純利益はEBITAに比べて多めになっているので、その分を節税効果を考慮したうえで（税引後ベースで）差し引くためである。2012年3月期においては、−309百万円×（1−0.405）≒−184百万円。

19 非支配株主に帰属する当期純利益又は純損失（足し戻し）

要約損益計算書の「非支配株主に帰属する当期純利益又は純損失（控除項目）」（図表10-3・項目■13）について、符号をマイナスからプラスに変えたものを記入する。非支配株主に帰属する当期純利益は、親会社株主に帰属する当期純利益から差し引かれており、EBITAの計算上は、この金額を足し戻す必要がある。2012年3月期においては、6百万円。

20 税引後支払利息（足し戻し）

要約損益計算書の「支払利息」（図表10-3・項目■7）について、符号をマイナスからプラスに変えたものに、（1−実効税率〔項目■24・後述〕）をかけて求める。支払利息によって、当期純利益はEBITAに比べて少なめになっているので、その分を節税効果を考慮したうえで（税引後ベースで）足し戻すためである。2012年3月期においては、19百万円×（1−0.405）≒11百万円。

21 退職給付債務のうちの利息費用（足し戻し）

退職給付債務の利息費用部分を足し戻すための項目。項目■6と同額を記入。2012年3月期においては、36百万円。

22 税引後受取利息・配当金（差し引き）

要約損益計算書の「受取利息・受取配当金」（図表10-3・項目 **6**）について、符号をプラスからマイナスに変えたものに、（1－実効税率〔項目 **24**・後述〕）をかけて求める。受取利息・配当金によって、当期純利益はEBITAに比べて多めになっているので、その分を節税効果を考慮したうえで（税引後ベースで）差し引くためである。2012年3月期においては、－180百万円×（1－0.405）≒－107百万円。

23 NOPLAT

16～**22** の合計。2012年3月期においては、1,823百万円＋（－70百万円）＋（－184百万円）＋6百万円＋11百万円＋36百万円＋（－107百万円）＝1,515百万円。

24 実効税率

各年度の法人実効税率を、有価証券報告書から入力。2012年3月期においては、40.50％。

25 バランスチェック

売上高からEBITAを求め、税額を差し引いて求めたNOPLATと、当期利益から足し上げて求めたNOPLATが、バランスすることを確認するためのチェック項目。**9**－**23** を計算。2012年3月期においては、0百万円でバランスが確認できる。

STEP 3　フリー・キャッシュフローの計算

NOPLATが計算されたら、それをもとにフリー・キャッシュフローを計算する。フリー・キャッシュフローは、企業の営業活動が生み出した税引後のキャッシュフローであり、負債提供者と株主資本の提供者に帰属するキャッシュフローの合計である。これは、企業に借入れによる節税効果が存在しないことを仮定した場合の、みなし法人税額を差し引いたNOPLATを基に計算される。したがっ

て、資本の調達方法、すなわち資本構成には影響を受けない。

フリー・キャッシュフローは、NOPLATから純投資額を差し引いたものである。投下資産への純投資額とは、営業用資産への新規投資から、減価償却や除却により減少した資産を差し引いた数字で、投下資産の増加額を示す。すなわち、以下の関係が成立する。

フリー・キャッシュフロー
＝NOPLAT－投下資産への純投資額
＝（NOPLAT＋減価償却費）－投下資産への総投資額

なお、投下資産への投資額の中には、有形固定資産への投資（設備投資）だけでなく、運転資金の増加分や、有形固定資産以外の営業用資産の増加額も含めて考える必要があるので注意を要する。

それでは、実際にモスフードサービスについて、フリー・キャッシュフローを計算する過程を、**図表10-7**を見ながら確認しておこう。

この過程では、投下資産の計算シート（**図表10-5**）と、NOPLATの計算シート（**図表10-6**）の数値が、適宜用いられていることがわかる。なお、フリー・キャッシュフローの算定には、当該年度と前年度の投下資産の残高が必要になるため、**図表10-7**では、これまで作成してきた図表で計算過程が確認できる、2013年3月期以降が示されていることに注意しよう。

1 NOPLAT

上述の通り、NOPLATを基にフリー・キャッシュフローが計算されるので、**図表10-6・項目 9** の数値を転記しておく。2013年3月期においては、1,482百万円。

2～**3** 減価償却費、グロス・キャッシュフロー

まず、投資を考慮する前の段階でのキャッシュフロー（グロス・キャッシュフロー：項目 **3**）を明らかにするために、減価償却費（**図表10-6・項目 4**）

図表10-7 フリー・キャッシュフローの計算

(株)モスフードサービス　フリー・キャッシュフロー　　　　　　(単位：百万円)

	2013/03	2014/03	2015/03	2016/03	2017/03
フリー・キャッシュフローの計算					
1 NOPLAT	1,482	1,948	947	2,505	3,152
2 減価償却費	1,942	1,756	2,052	2,027	1,896
3 グロス・キャッシュフロー	3,424	3,704	2,999	4,532	5,048
4 －営業運転資金の増加	276	797	871	249	328
5 －設備投資（総額）	(2,307)	(2,824)	(2,332)	(1,277)	(3,160)
6 －正味その他営業用固定資産の増加	394	(65)	506	(264)	(407)
7 グロス投資額	(1,636)	(2,092)	(955)	(1,292)	(3,239)
8 フリー・キャッシュフロー	1,787	1,612	2,044	3,241	1,808

を転記し、**1**と**2**を合算したものを項目**3**とする。2013年3月期においては、1,482百万円＋1,942百万円＝3,424百万円。

4 －営業運転資金の増加（マイナス項目）

営業運転資金残高の前年度からの増加分は、事業用資産への投資の増加（純投資）と考えられるため、フリー・キャッシュフローの計算上はマイナスとなる。2013年3月期においては、**図表10-5 項目3**の前年度残高、当年度残高が、それぞれ2,405百万円、2,128百万円なので、キャッシュフローの計算上は、－(2,128百万円－2,405百万円)＝276百万円となる（営業運転資金残高が前年度比で減少しているため、キャッシュフローとしてはプラスとなる）。

5 －設備投資（総額）（マイナス項目）

償却対象有形固定資産への設備投資総額を求め、フリー・キャッシュフローの計算上はマイナスする。本件では、「償却対象固定資産償却後残高」（図表10-5・項目**4**）の前年度残高、当年度残高から増加分を求め、それに

当年度の減価償却費を加えたものを設備投資総額とみなして、マイナス計上している。2013年3月期においては、償却対象固定資産の前年度償却後残高、当年度償却後残高が、それぞれ6,377百万円、6,742百万円、当年度の減価償却費（項目**2**）が1,942百万円なので、キャッシュフローの計算上は、－（6,742百万円－6,377百万円＋1,942百万円）＝－2,307百万円となる。

6 －正味その他営業用固定資産の増加（マイナス項目）

正味その他営業用固定資産残高の前年度からの増加分は、営業用資産への投資の増加（純投資）と考えられるため、フリー・キャッシュフローの計算上はマイナスとなる。2013年3月期においては、**図表10-5・項目5**の前年度残高、当年度残高が、それぞれ1,337百万円、943百万円なので、キャッシュフローの計算上は、－｛943百万円－（1,337百万円）｝＝394百万円となる。正味その他営業用固定資産の残高が減少しているため、キャッシュフローとしてはプラスとなる。

7 グロス投資額

4～**6**を合算して、グロス（総）投資額を求める。なお、フリー・キャッシュフローの計算上は、グロス投資額はマイナス項目として示される。2013年3月期においては、276百万円＋（－2,307百万円）＋394百万円＝－1,636百万円。

8 フリー・キャッシュフロー

3と**7**を合算したものが、フリー・キャッシュフローとなる。2013年3月期においては、3,424百万円＋（－1,636百万円）＝1,787百万円。

STEP 4　ROICの要素分解と過去業績の詳細な分析・評価

STEP 1～3において、エンタプライズDCF法に必要なフリー・キャッシュフローの計算は完了している。最後に、ROICを初めとする諸指標を分析するこ

とで、過去の企業業績がどのような性質を持っているのかを明らかにする。この分析によって計算された指標が、将来の業績予想において重要な役割を果たすことになる。

収益性の分析においては、ROICをさらに細かい構成要素に分解して考えることで、投下資産に対する収益率に影響を与えるバリュー・ドライバーの、より詳細な分析が可能になる。具体的にはまず、NOPLATをEBITA×（1－現金ベースの税率）と置き換えて税引前のROICを算出し、その後、売上高を使うことで以下のように式を書き換えてみる。

$$税引前 ROIC = \frac{ROIC}{1-現金ベースの税率} = \frac{EBITA}{投下資産}$$

$$= \frac{EBITA}{売上高} \times \frac{売上高}{投下資産}$$

このように分解した結果、税引前ROICは、（1）営業利益率（EBITA／売上高：企業が売上からどの程度利益を上げたかを示す）と、（2）資産回転率（売上高／投下資産：企業が投下資産を使ってどの程度売上を効率よく上げているかを示す）とに分解して考えられる。さらに、これら2つの指標を費用項目や資産項目と売上高の比率に分解していき、いわゆる「ROICツリー」を描くことも可能である（詳細は後述）。

過去のバリュー・ドライバーが計算できたら、時系列でそれを並べてみて、指標のトレンドをつかむ。また、同業他社で同じようにROICの内訳を計算して比較すれば、評価対象とする企業の強みや問題点もわかる。このような時系列の、もしくはクロスセクションでの分析においては、できるだけROICを細かく分解し、その水準に影響を与えているバリュー・ドライバーを解明することが重要となる。

それでは、実際にモスフードサービスについて、過去のROICを分析したシートを紹介しておこう（図表10-8）。なお、以下では、投下資産やその内訳項目

図表10-8　ROICの要素分解

（株）モスフードサービス　ROIC要素分解　　　　　　　　　　（単位：百万円）

	2013/03	2014/03	2015/03	2016/03	2017/03
1 ROIC	14.6%	19.8%	9.3%	27.7%	37.9%
2 税引前ROIC	19.1%	22.4%	15.6%	42.5%	56.2%
3 調整後EBITA / 売上高	3.1%	3.4%	2.4%	5.4%	6.6%
4 売上高 / 投下資産	6.16	6.66	6.53	7.86	8.53
5 売上原価 / 売上高	49.0%	49.2%	49.2%	47.4%	46.1%
6 販管費 / 売上高	44.9%	44.8%	45.4%	44.3%	44.6%
7 減価償却費 / 売上高	3.1%	2.7%	3.1%	2.9%	2.7%
8 営業運転資金 / 売上高	3.9%	3.3%	2.0%	0.6%	0.3%
9 償却対象固定資産 / 売上高	10.2%	10.3%	11.8%	11.4%	10.3%
10 正味その他固定資産 / 売上高	2.1%	1.4%	1.5%	0.7%	1.1%

の残高について、各年度の期首残高（前年度の期末残高）を用いている。したがって、図表10-5や図表10-6、図表10-7と同様に、これまで作成してきた図表の数値で計算過程が確認できる、2013年3月期以降を示している。

1 ROIC

各年度のNOPLATを、その年度の営業用投下資産の期初残高（＝前年度期末残高）で割ったもの。2013年3月期においては、1,482百万円÷10,118百万円＝14.6％。

2 税引前ROIC

各年度の「調整後EBITA」（図表10-6・項目**7**）を、その年度の営業用投下資産の期初残高（＝前年度期末残高）で割ったもの。2013年3月期においては、1,928百万円÷10,118百万円＝19.1％。

3 調整後EBITA / 売上高

各年度の「調整後EBITA」（図表10-6・項目**7**）を、その年度の売上高で割ったもの。2013年3月期においては、1,928百万円÷62,371百万円＝3.1％。

4 売上高／投下資産

各年度の売上高を、その年度の投下資産の期初残高（＝前年度期末残高）で割ったもの（投下資産回転率）。2013年3月期においては、62,371百万円÷10,118百万円＝6.16倍。

5 売上原価／売上高

各年度の売上原価（除減価償却費）を、その年度の売上高で割ったもの。2013年3月期においては、30,560百万円÷62,371百万円＝49.0％。

6 販管費／売上高

各年度の販売費及び一般管理費を、その年度の売上高で割ったもの。2013年3月期においては、27,980百万円÷62,371百万円＝44.9％。

7 減価償却費／売上高

各年度の減価償却費を、その年度の売上高で割ったもの。2013年3月期においては、1,942百万円÷62,371百万円＝3.1％。

8 営業運転資金／売上高

各年度の「営業運転資金」（図表10-5・項目**3**）の期初残高（＝前年度期末残高）を、その年度の売上高で割ったもの。2013年3月期においては、2,405百万円÷62,371百万円＝3.9％。

9 償却対象固定資産／売上高

各年度の「償却対象固定資産償却後残高」（図表10-5・項目**4**）の期初残高（＝前年度期末残高）を、その年度の売上高で割ったもの。2013年3月期においては、6,377百万円÷62,371百万円＝10.2％。

10 正味その他固定資産／売上高

各年度の「正味その他営業用固定資産」（図表10-5・項目**5**）の期初残高（＝前年度期末残高）を、その年度の売上高で割ったもの。2013年3月期においては、1,337百万円÷62,371百万円＝2.1％。

最後に、以上の数値の関係を図解した「ROICツリー」を図表10-9に示しておく。

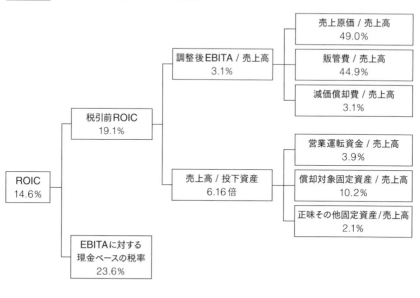

図表10-9 ROICツリー（2013年3月期）

　ROICツリーは、**図表10-8**の表の各指標について、関係性がわかりやすいように図示したものである。図の左側にROICがあり、そこから少しずつ要素を分解して、個々のROICに影響を与える要因が明らかになっていく過程が示されている。このように整理すると、モスフードサービスは、販管費比率が高いこともあって、売上高に対する利益率は低い（3％前後）が、投下資産回転率は高く（6倍超）、その結果としてROICも10％台と高くなっていることがわかる。

　こうしたROICの要素分解やROICツリーによる図解は、**図表10-8**のように時系列で追いかけていくことで、モスフードサービスのROICが改善した背景に、売上高に対する営業利益の改善だけでなく、投下資産に対する売上高の改善という資本効率の改善が寄与していることがわかる。将来予測にあたっては、このような時系列の分析が、将来の業績を考える際の重要なヒントになるはずである。また、ここでは示していないが、評価対象企業の時系列変化だけでなく、

同業他社の数値と比較した分析も加えれば、他社に比べて、どこが強みで、どこが弱点かも見えてくるだろう。

　以上、本章では、STAGE 1として、過去の業績について、財務諸表を再構成し、貸借対照表を基に、投下資産を計算し（STEP 1）、損益計算書からNOPLATを求め（STEP 2）、これらを総合してフリー・キャッシュフローを計算する（STEP 3）までの過程を、実際の事例を基に詳細に説明した。また、STEP 4として、作成した計算シートから、ROICの要素分解と過去業績の詳細な分析・評価を行って、評価対象企業の業績の時系列変化や、同業他社との比較優位、劣位について分析することが、評価対象企業の将来予測に備えての基礎となることも説明した。

　次章では、STAGE 2として、STAGE 1を踏まえ、将来の業績について予測財務諸表を作成し、そこから、将来の予測フリー・キャッシュフローを求める手順について、具体的に説明することにしよう。

補論

　エンタプライズDCF法に必要なフリー・キャッシュフローを求めるという意味では、STEP 3を終えた段階で完了である。ただし、一部の教科書（マッキンゼー［2016］等）では、フリー・キャッシュフローの推定だけでなく、事業活動以外（非事業用資産等）から生じるキャッシュフローについても合算したうえで、投資家に分配可能なキャッシュフローの総額を求め、実際に、そのキャッシュフローがさまざまな投資家にどのように分配されたかを検証している。

　具体的には、フリー・キャッシュフローに加算される、事業活動以外から生じるキャッシュフローの主要なものとしては、受取利息・配当金、およびそれ以外の営業外損益、特別損益（以上はすべて法人税の税額を控除した後の税引後ベー

スで加算される)、包括利益累計額の変化分がある。また、**図表10-5**の投下資産では、非事業用資産に分類された、余剰現預金（**図表10-5・項目7**）、投資等（**図表10-5・項目8**）についても、当該年度と前年度の残高の増加分が非事業用資産への投資として、事業用資産と同様に、キャッシュフロー的にはマイナス項目として加算される。

　以下ではモスフードサービスについて、フリー・キャッシュフローに事業以外から生じるキャッシュフローを加算した例を、**図表10-10**として示す。

　図表10-10・項目12以降は、実際に投資家（負債提供者と株主）に対して、有利子負債の利息や元本の増減、株式の配当などの形で分配されたキャッシュフローを示している。項目**11**と**19**を比較すればわかるように、投資家に分配可能なキャッシュフローと、実際に分配されたキャッシュフローは合致する。

図表10-10　投資家に分配可能なキャッシュフローの計算

（株）モスフードサービス　投資家に分配可能なキャッシュフロー　　　　　　　　　（単位：百万円）

		2013/03	2014/03	2015/03	2016/03	2017/03
1	フリー・キャッシュフロー	1,787	1,612	2,044	3,241	1,808
2	税引後受取利息・配当金	111	98	88	115	129
3	税引後その他営業外損益	49	53	(92)	29	43
4	税引後特別損益	(71)	(296)	(280)	(327)	(237)
5	その他資本増加要因（持分法の適用範囲変更等）	(0)	(5)	45	(51)	(85)
6	非支配株主に帰属する当期純利益	4	(3)	52	0	(11)
7	その他包括利益累計額の増加（減少）	642	436	1,055	(128)	71
8	営業外キャッシュフロー（資本項目影響調整後）	734	283	866	(363)	(90)
9	余剰現預金の減少（増加）	(3,643)	904	3,278	(2,544)	722
10	投資等の減少（増加）	1,992	(2,065)	(5,440)	509	(3,342)
11	投資家に分配可能なキャッシュフロー	870	734	748	843	(902)
	財務面から見たキャッシュフロー					
12	税引後支払利息	14	13	16	19	15
13	退職給付債務のうちの利息費用	39	42	25	19	11
14	借入金の減少（増加）	246	82	(160)	182	(1,612)
15	退職給付債務の減少（増加）	(50)	(10)	120	(55)	(13)
16	非支配株主持分の減少（増加）	(2)	(18)	28	(8)	(82)
17	配当	623	623	716	685	779
18	自社株式の購入（発行）	1	1	2	1	2
19	投資家に分配されたキャッシュフロー	870	734	747	844	(902)
20	バランスチェック	0	(1)	1	(1)	(0)

第11章

エンタプライズDCF法の実務

[STAGE 2]

将来の業績と
フリー・キャッシュフローの予測

本章で説明するSTAGE 2では、将来の業績について予測財務諸表を作成する。そこから、エンタプライズDCF法の重要な要素である、将来の予測フリー・キャッシュフローを求める。

企業のフリー・キャッシュフローの源泉は、その企業が事業活動によって稼いだ収益である。したがって、将来キャッシュフローの予測は、評価対象企業の業績予測に帰着する。そのためには、STAGE 1で行った過去の業績分析を踏まえ、当該企業の置かれている業種が、どのような将来像を持っているのか、そして、その業種の中で将来的に当該企業はどのような地位を占めていくのか、を考えることである。そこでは、今後における業界・企業の成長率や、投下資産利益率（ROIC: Return on Invested Capital）をどのように予測するかが重要となる。

STAGE 2の業績予測について、本書はさらに細かい5つのステップに分けて行う。

STEP 1：将来予測の期間と詳細の検討
STEP 2：戦略的見通しの立案
STEP 3：戦略的見通しの業績予測への転換
STEP 4：予測フリー・キャッシュフローの算定
STEP 5：複数業績予測シナリオの作成（適宜）と
　　　　戦略的見通しとの一貫性・整合性のチェック

以下では、これらの各ステップにおいて、どのような点に留意して作業するかを簡潔に説明する。ただし、これら5つのステップは、必ずしも1回のサイクルとして終了するものではなく、必要に応じていくつかステップを遡って見直す作業も必要となる点は注意を要する。なお前章同様、モスフードサービスについて具体的に検討した事例を示しながら説明したい。

STEP 1　将来予測の期間と詳細の検討

　まず、業績予測をどの程度の期間にわたり、どの程度詳細に行うかを決定する。通常、最初の5～10年間程度については、比較的精緻な業績予測を作成し（「詳細予測期間」）、それに基づいてキャッシュフローの現在価値を計算する。詳細予測期間以降の期間を「存続期間」と呼び、存続期間に発生すると予測されるキャッシュフローの現在価値、すなわち「継続価値」は、単純な公式（STAGE 4で詳述）に基づいて算出される。

　このときの問題は、業績予測を行う期間をどの程度とするかであるが、ここで重要とされるのが、「企業が業績的に安定した状態に入るまでの期間」という基準である。存続期間におけるキャッシュフローの現在価値が簡単な公式で算出されるためには、存続期間において、企業業績が以下に示すような特徴を持った安定期に入っている必要がある。

1. 新規に投下された資産の利益率（RONIC: Return on Newly Invested Capital）が一定になる。
2. 企業全体の投下資産利益率（ROIC）が一定になる。
3. 企業は営業利益の一定割合を再投資し、一定の成長率で成長する。

　これらの条件が満たされている場合、一般論ではあるが、存続期間における企業の成長率は、長期的な経済全体の成長率とほぼ等しくなると考えるのが適切な場合が多いと思われる。

　詳細予測期間に10年を超えた期間を取ろうと思っても、このような長期にわたり企業や業界の将来を見通すことは、ほとんど不可能であるし、そもそも評価対象企業の経営陣自体が、そこまでの長期のビジョンを持って経営していることはまれである。一方で、会社の業績予測や計画が存在する3年程度の中期で予測期間を打ち切り、残りの期間を存続期間として継続価値を算定してしまうと、

往々にして、存続期間における企業業績が上記の3条件を満たさないことが多く、継続価値の算定が不安定になる可能性が高い。

一般論としては、所属する業種自体がすでに安定成長期に入っているような業種では、詳細予測期間を短めに設定しても問題は比較的少ないが、成長率が高く伸び盛りの企業では、3年どころか5年でも安定成長期に入るという予想は無理があるため、より長期の詳細予測期間を設定する必要がある。実際には、伸び盛りの業種になればなるほど、長期の予測には不確実性が多く難しいことが多いのだが、だからといって継続価値に過度に依存すると、目先の高い成長率が永久に続くという錯覚に陥り、過剰な企業価値を算定してしまう可能性を高めることになる。2000年前後のいわゆるITバブルの頃には、専門家である証券会社のアナリストのレポートでさえ、企業価値の100％以上が継続価値（詳細予測期間の企業価値はマイナス）という価値算定をしていたケースがあった。

伸び盛りの企業に関する企業価値評価では、標準的なエンタプライズDCF法をそのまま適用するのは、必ずしも容易ではないことは事実である。したがって、実務の世界では、複数のシナリオを併用した予測や、数理的な確率過程を用いた予測などが試みられているが、入門書としての本書の取り扱い範囲を超える問題であるので、参考書を示すに留める。

以上を勘案して、本書ではあくまでも、手前の業績予測期間は可能な限り長めに設定することを勧める（最低でも5年間を推奨）。詳細予測については、以下のような、予測期間を前半と後半の2段階に分ける方法も有効である。

1. 3～5年の中期予測については、入手可能ならば、企業の営業計画などを参考に、予想貸借対照表と予想損益計算書を詳細に作成する。予測値は、できる限り企業の売上個数、商品単価の動向などを織り込んで、詳細に積み上げる。
2. その後、10年目までの期間については、簡単な予測を作成する。売上高や利益率、平均的資本投資、資本回転率などに的を絞る。また、個々の企業については存在しなくても、業界全体の生産量や売上の推移につ

いて、業界団体などから長期の予測が発表されている場合もあるので、そのようなデータを極力活用する。

いずれにせよ、予測期間の後半を上記のように簡略化したとしても、そこから得られる企業価値算定における示唆のメリットは、単純に「継続価値という公式」の中に情報を埋没させてしまうよりは、はるかに大きくなると考えられる。

本書で事例として取り上げているモスフードサービスに関していえば、2016年2月に中期経営計画として、2018年度（2019年3月期）の業績目標数値が示されている。そこで、その数値を参考にしながら、2018年3月期を最初の予測年度とし、2024年3月期までの7年間を詳細予測期間とした。日本国内の外食業界は、人口の高齢化と減少に伴って大きな成長は期待できないが、そのような中だからこそ、より急速に売上が減速する企業と、比較的持ちこたえる企業の格差が拡大する可能性がある。やや長めの詳細分析をすることで、会社の将来業績について、より深く考察できると考えられる。

STEP 2　戦略的見通しの立案

戦略的見通しを立てるということは、評価対象企業が将来どのような業績をたどっていくかについて、評価者がストーリーやシナリオをつくっていくことにほかならない。そこでは、シナリオを説得的なものとするための道具が必要である。それは、企業戦略理論であり、業界知識や業界情報であり、マクロやミクロの経済分析である。こうしたツールを総動員して、いかに客観的で説得的なシナリオを書くかということが、企業価値評価のかなりの部分を占めることになる。これが、企業価値評価は経験やノウハウの蓄積といったアート（技）の側面を持っている、といわれる所以である。

もちろん、初めて企業価値評価や業績予測をする場合には、評価者はそのようなアートを持ち合わせてはいない。したがって、最低でもツールとしての、戦

略理論の教科書、業界の動向に関する情報、そして経済全般に対する情報を収集し、それ以外は日頃から培っている見識や常識を駆使してシナリオを作成していくことになる。

　私見ではあるが、こうしたツールの中で特に有用なものの1つに、業界や評価対象企業に関する資料がある。こうした資料を丹念に読み、評価対象企業の置かれている業界環境を理解することが、企業の将来に対する見方を整理していくのに有効であるように思える。

　こうして作成された企業戦略のシナリオ分析は、最終的に評価対象企業が、資本コスト（一般的には税引後加重平均資本コスト＝WACC）を上回る投下資産利益率（ROIC）をどの程度の期間上げることができ、その期間がどの程度の長さなのかについて、評価者が判断するために使われる。このような判断のためには、評価対象企業の競争優位性を考える必要がある。具体的には、以下のような観点から分析されることになる。

1. 競合他社が真似できない価格や商品内容の組み合わせにより、顧客に対してより高い価値を提供できるか。
2. 競合他社より低いコスト構造を実現できるか。
3. 競合他社より資本を効率的に運用できるか。

　本書で事例として取り上げているモスフードサービスに関していえば、STAGE1の過去分析で見たように、従来ROICが10％台にあり、2017年3月期には30％を超えている。2017年6月末時点での2018年3月期の会社発表予想では、連結売上高71,200百万円、連結営業利益3,700百万円で、対売上高比営業利益率は、2017年3月期の6.6％からは低下するものの、2015年3月期以前の3％前後と比べると、引き続き堅調に推移する見込みである。

　2000年代に続いたデフレにより、価格引き下げ競争に走って業績を悪化させた外食企業が少なくなかった中で、同社は一貫して価格を維持し、商品の高付加価値化による顧客維持に努めた。その結果、2017年6月末時点では、

比較可能なデータのある同業他社の中で、もっとも高い営業利益率を維持している[注1]。しかも、このような価格戦略を採ったにもかかわらず、過去10年間で売上高を2割近く伸ばしている。STAGE 1では示していないが、既存店の売上高や客単価について、同社が開示した月次データを基に調べてみると、アップダウンはあるものの、ここ数年既存店来客数が微減傾向にある一方で、客単価を上昇させてきており、その結果として売上高の増加を上回るペースで、営業利益が増加していることがわかる。

同社の中期経営計画では、2019年3月期において連結売上高73,900百万円、連結営業利益3,800百万円としているが、2018年3月期の予想から見ると、営業利益に関していえば、十分達成可能な数字である。そこで、中期計画をベースにして、それ以降についても人口変化のネガティブな影響を考慮しつつも、基本的には堅調に推移すると予想した。

STEP 3 戦略的見通しの業績予測への転換

企業の将来業績に関するシナリオができたら、それを財務予測に転換しなければならない。その際、まず損益計算書と貸借対照表の予測から始めて、そこからフリー・キャッシュフローやROICを計算していく。これらの手順は基本的に、STAGE 1の過去分析と同じ手順で行う。

一般に、損益計算書の項目（売上高や利益）は、企業の中期経営計画などにも予想数値が見られるので比較的なじみが深いものであろうが、貸借対照表の予測はそれほど見かけないかもしれない。ただ、前章でも見たように、エンタ

[注1] 2017年6月末時点での日経バリューサーチの同業比較によると、売上高対比営業利益率の直近実績値は、モスフードサービスの6.57％に対して日本マクドナルドホールディングスが3.06％、日本KFCホールディングスが2.91％である。ただし、日本マクドナルドホールディングスは2017年12月決算予想で6.64％としており、モスフードサービスの2018年3月期予想の5.20％を逆転している。

プライズDCF法に用いられるフリー・キャッシュフローを求めるためには、NOPLATだけでなく、投下資産への純投資額のデータが必要である。投下資産への純投資額は、大半が投下資産の残高の変化として求められるため、その元データとしての貸借対照表の予想が必須になるのである。

具体的には、業績予測を作成していくうえでは、以下の5つのSUB-STEPを踏んで行うのがよいだろう。

SUB-STEP 1：売上予測

販売数量の推移と価格変動から計算する。可能であれば、商品別や地域、店舗別に内訳で予想して積み上げると説得力が増す。

SUB-STEP 2：予測損益計算書の作成

売上予測を基に、EBITA（支払利息・のれん償却費等営業外損益および税引前利益）を予測する。営業項目としては、過去分析の項で分類したのと同様、売上原価（減価償却費を除く）、一般管理費・販売費（販管費）、減価償却費の予測値を求めるが、費用項目のより詳細な内訳が入手可能であれば、固定費と変動費に分けて行うとより精緻な予測ができる。

予測値の作成方法としては、過去の実績を参考に、売上原価、販管費については、売上高に対する比率を定めて計算することが多い[注2]。また、減価償却費については、前期の償却対象営業用資産の残高に応じて当期の予測値を求めるか、売上原価や販管費同様に売上高に対する比率を定めて予測値を作成する[注3]。EBITAは、フリー・キャッシュフローの計算において重要な要素なので、ここまでの予測は精緻に行う。

[注2] 売上高に対して、売上原価、販管費の比率で予測し、かつ、その比率を将来にわたって固定してしまうと、これらの費用をすべて変動費と仮定していることになる。費用に固定費部分を設定したければ、売上高に対する比率は変化させなければならない。

[注3] 一般論としていえば、前期の償却対象営業用資産の残高に比率をかけて求めるほうが、理論的にはより正確であろう。

次に、営業外の損益計算書項目の予測、具体的には、連結対象外の関連会社への投資・関連収入、支払利息、受取利息などの予測等を行う。この部分は、フリー・キャッシュフローには直接影響を与えないので、たとえば、将来の支払金利や受取利息・配当金は、直近期の実績と同じ数値で将来も推移する、といった簡易な仮定の下で作成されることも多い。

SUB-STEP 3：NOPLAT の予測

予測損益計算書の EBITA をベースに、無借金を仮定したみなし法人税額を計算し、それを EBITA から控除して NOPLAT を求める。一般的には、EBITA × 法人実効税率で税額を求め、それを EBITA から差し引く。

SUB-STEP 4：予測貸借対照表の作成

次に、予測貸借対照表を作成する。予測貸借対照表においても、基本となるのは売上高予測である。特に営業用資産、すなわち投下資産の残高予測は、フリー・キャッシュフロー予測の重要な要素なので、精緻に行う必要がある。

営業用現金、売上債権、棚卸資産、買入債務といった営業運転資金の構成項目については、過去の業績分析から売上高に対する比率（回転率）を求めて、それを参考に将来の残高を予測するのが一般的である[注4]。比較的複雑なのは、有形固定資産、特に償却対象資産についてである。これに関しては、（1）有形固定資産の減価償却後の残高（ストック）が、売上高の一定比率となるよう維持する方法と、（2）有形固定資産への投資額（フロー）が売上高の一定割合となるよう維持する方法とがあるので、注意を要する（この点の詳細は後述する）。

予測貸借対照表の作成では、営業外項目の予測連結対象外の関連会社

[注4] 買入債務については、売上原価の比率で求めるほうが理論的には正確だが、仮に売上原価を売上高の一定比率として予測する場合には、結果は同じになる。

への投資、有利子負債残高、余剰現預金などの残高予測も必要である。これらの項目は、フリー・キャッシュフローには直接影響を与えないので、簡易な仮定（たとえば直近の残高をそのまま維持する）の下で作成されることも多い。ただし、余剰現預金、もしくは有利子負債は、貸借対照表の左右をバランスさせるための調整項目として通常用いられることに注意する。

最後に、純資産の部の合計額予測を行う。ここでは、前年度末の資本の部の合計に、当期税引後利益と株主資本等変動の予測値を反映させて、今年度の残高を求める。

SUB-STEP 5：予測投下資産残高の計算

予測貸借対照表を基に、過去分析の際と同様の手順で、投下資産残高の予測値を計算する。

さて、有形固定資産の予測については2つの方法があると述べたが、どちらを選ぶべきかについては、実務上も見解が分かれている。

まず、(1)のストックベースの立場を取る人々は、有形固定資産が本来、売上を生む源泉である点に着目する。したがって、売上と資産残高の間には一定の比率が保たれるべきだと考えるわけである。たとえて言えば、「鶏がいなければ、卵は得られない」ということになろうか。

それに対して、(2)のフローベースの立場においては、企業には本来、業績に余裕のある時期に投資をさかんにし、逆に業績が芳しくない時期には、投資を絞り込む傾向がある点が重視される。したがって、売上の一定割合を新規投資に回すと考えたほうが現実的だと見る。たとえて言えば、「ない袖は振れぬ」ということである。

現実には、個別企業や業界の慣習なども勘案して、最終的には評価者がよりどちらのアプローチが現実に近いかを判断することになる。

それでは、実際にモスフードサービスの予測財務諸表を作成してみよう。以下では、前章STAGE 1のSTEP 1を中心とした過去分析と、本章STAGE 2の

STEP 2 の定性的な同社の評価を基に、マクロ的な人口動態やインフレ予測を加味して、一定の仮定を置いて7年間の予測を作成する。なお、以下の図表中の各数字については、前章で詳細な計算式を示しているので、本章では計算結果のみを示している。

なお、あらかじめ断っておくが、以下の予測財務諸表は、本章 STEP 3 以降の手順を理解するために筆者が公開情報に基づいて作成したものであり、その正確性は保証しない。また、エンタプライズ DCF 法の結果として得られた数字についても、その数字を基に実際に株式取引を行ったとしても、筆者はその結果に何らの責任を負うものではない。

SUB-STEP 1 売上予測 （図表11-1）

本来であれば、可能な限り今後の同社の既存店の売上高や、店舗展開計画、客単価予測等を基に精緻な予想をすることが望ましいが、本書では簡易予測として、同社発表の2018年3月期の業績予想（2017年6月末現在）、中期経営計画の2019年3月期の目標数値をそのまま採用し、2018年3月期の売上高を71,200百万円、2019年3月期の売上高を73,900百万円と予想した。

図表11-1 売上高予測

（株）モスフードサービス 売上高予測

		実績			同社予測	同社中計	予測				
		2014/03	2015/03	2016/03	2017/03	2018/03	2019/03	2020/03	2021/03	2022/03	2023/03	2024/03
売上高（百万円）		65,330	66,310	71,114	70,929	71,200	73,900	74,114	74,329	74,545	74,761	74,978
売上高成長率		4.74%	1.50%	7.24%	-0.26%	0.38%	3.79%	0.29%	0.29%	0.29%	0.29%	0.29%
労働力人口平均成長率予想（2014〜2020年）	-0.7%											
インフレ率	1.0%											
労働力人口予想			6,587	6,541	6,495	6,449	6,404	6,359	6,314	6,270	6,226	6,182
労働力×インフレ率から見た労働力人口の消費成長率						0.29%	0.29%	0.29%	0.29%	0.29%	0.29%	0.29%

2020年3月期以降の売上高成長率については、同社の主要顧客数が労働力人口に比例すると仮定し、顧客当たりの売上高はインフレ率に比例すると仮定する簡易モデルを用いた[注5]。

まず労働力人口については、独立行政法人労働政策研究・研修機構の「平成27年労働需給の推計」で示された2020年度の労働力人口予測を基に、予測期間内の平均人口成長率（−0.29％）が、2021年度以降も続くと仮定した。また、長期のインフレ率を1％と推定した。その結果、労働力人口の購買力の成長率は、（1＋労働力人口成長率）×（1＋インフレ率）−1＝0.29％と計算される。したがって、2020年3月期以降の同社の売上高成長率については、0.29％で推移すると推定した。

SUB-STEP 2　予測損益計算書の作成（図表11-2）

2017年3月期における対売上高での売上原価（除く減価償却費）、販管費の比率は、それぞれ46.1％と44.6％であった。また、前期末の償却資産残高に対する減価償却費の比率は、25.8％であった。

2018年3月期についての同社の業績予測発表によると、店舗のスクラップ・アンド・ビルドを通じて利益率の維持を目指すとしていることから、2018年3月期以降、対売上高での売上原価比率、および前期末の償却資産残高に対する減価償却費の比率は、それぞれ46.1％、25.8％のまま推移すると仮定した。対売上高での販売費・一般管理費比率については、2018年3月、2019年3月は予測の営業利益と一致するように逆算した数値（それぞれ、45.8％、45.9％）を用いて、経費率の向上を見込み、それ以降は、2019年3月の数値（45.9％）で推移すると仮定した。なお、減価償却費については、予測貸借対照表の前期末残高を参照するため、厳密にいえば、予測貸借対照表の作

[注5] このように予測するということは、①労働人口全体に占める同社顧客の比率（シェア）が一定であること、②実質ベースでの客単価は変わらず、名目ベースでインフレ率にのみリンクして増加すると仮定していることを意味する。もちろん実際には、同社顧客のシェアは変化しうるし、客単価もインフレ以外の要因で変化しうる。

図表11-2　予測損益計算書

(株)モスフードサービス　予測損益計算書　　　　　　　　　　　　(単位：百万円)

	2018/03	2019/03	2020/03	2021/03	2022/03	2023/03	2024/03
売上高	71,200	73,900	74,114	74,329	74,545	74,761	74,978
売上原価（除減価償却費）	(32,840)	(34,085)	(34,184)	(34,283)	(34,382)	(34,482)	(34,582)
販売費及び一般管理費（除減価償却費）	(32,438)	(33,915)	(34,014)	(34,112)	(34,211)	(34,310)	(34,410)
減価償却費	(2,223)	(2,100)	(2,106)	(2,112)	(2,118)	(2,124)	(2,131)
営業利益又は営業損失	3,700	3,800	3,811	3,822	3,833	3,844	3,855
受取利息・受取配当金	187	187	187	187	187	187	187
支払利息	(21)	(21)	(21)	(21)	(21)	(21)	(21)
その他営業外損益	0	0	0	0	0	0	0
経常利益又は経常損失	3,866	3,966	3,977	3,988	3,999	4,010	4,021
特別損益	0	0	0	0	0	0	0
税金等調整前当期純利益又は純損失	3,866	3,966	3,977	3,988	3,999	4,010	4,021
法人税等	(1,193)	(1,214)	(1,218)	(1,221)	(1,225)	(1,228)	(1,231)
非支配株主に帰属する当期純利益又は純損失の控除	0	0	0	0	0	0	0
親会社株主に帰属する当期純利益又は純損失	2,673	2,752	2,759	2,767	2,775	2,782	2,790
その他包括利益又は損失（△）	0	0	0	0	0	0	0
包括利益	2,673	2,752	2,759	2,767	2,775	2,782	2,790

成を待って、減価償却費の予測は確定する。

　営業外の項目は簡易的に予測した。受取利息・受取配当金、支払利息については、2017年3月期の数値が横ばいで推移すると仮定し、それ以外の営業外損益や特別損益、非支配株主帰属分、その他包括利益は、すべてゼロで推移すると仮定した。また、法人税等については、今後予想される法人実効税率（2018年3月期は30.86％、それ以降については30.62％）をかけて求めた。

図表11-3　予測 NOPLAT

(株)モスフードサービス　予測 NOPLAT　　　　　　　　　　　　　　　(単位：百万円)

	2018/03	2019/03	2020/03	2021/03	2022/03	2023/03	2024/03
売上高	71,200	73,900	74,114	74,329	74,545	74,761	74,978
売上原価	(32,840)	(34,085)	(34,184)	(34,283)	(34,382)	(34,482)	(34,582)
販売費及び一般管理費	(32,438)	(33,915)	(34,014)	(34,112)	(34,211)	(34,310)	(34,410)
減価償却費	(2,223)	(2,100)	(2,106)	(2,112)	(2,118)	(2,124)	(2,131)
EBITA	3,700	3,800	3,811	3,822	3,833	3,844	3,855
退職給付債務に関する調整（利息費用）	11	11	11	11	11	11	11
調整後 EBITA	3,711	3,811	3,822	3,833	3,844	3,855	3,866
調整後 EBITA に対する税金	(1,142)	(1,164)	(1,167)	(1,170)	(1,174)	(1,177)	(1,181)
予測 NOPLAT	2,569	2,647	2,655	2,663	2,670	2,678	2,686
調整後 EBITA に対する税金							
法人税等	(1,193)	(1,214)	(1,218)	(1,221)	(1,225)	(1,228)	(1,231)
支払利息による節税額	(6)	(6)	(6)	(6)	(6)	(6)	(6)
受取利息・配当金に対する税金	58	57	57	57	57	57	57
その他営業外損益に対する税金	0	0	0	0	0	0	0
特別損益に対する税金	0	0	0	0	0	0	0
調整後 EBITA に対する税金	(1,142)	(1,164)	(1,167)	(1,170)	(1,174)	(1,177)	(1,181)
当期利益からの算出							
親会社株主に帰属する当期純利益	2,673	2,752	2,759	2,767	2,775	2,782	2,790
税引後その他営業外損益（利益はマイナス）	0	0	0	0	0	0	0
税引後特別損益（利益はマイナス）	0	0	0	0	0	0	0
非支配株主に帰属する当期純利益又は純損失（足し戻し）	0	0	0	0	0	0	0
税引後支払利息（足し戻し）	15	15	15	15	15	15	15
退職給付債務のうちの利息費用（足し戻し）	11	11	11	11	11	11	11
税引後受取利息・配当金（差し引き）	(129)	(130)	(130)	(130)	(130)	(130)	(130)
予測 NOPLAT	2,569	2,647	2,655	2,663	2,670	2,678	2,686
実効税率	30.86%	30.62%	30.62%	30.62%	30.62%	30.62%	30.62%
バランスチェック	0	0	0	0	0	0	0

SUB-STEP 3　NOPLATの予測　（図表11-3）

　予測損益計算書でEBITAに、過去分析と同様の要領で、退職給付債務の利息費用部分を足し戻して、調整後EBITAを求める。その後、この調整後EBITAにかかるみなし法人税額を求めるために、予測損益計算書の「法人税等」の金額に、支払利息による節税額を足し戻し、そこから受取利息・配当金やその他営業外損益、特別損益に対する税金を控除する。この調整後EBITAにかかるみなし法人税額を、調整後EBITAから差し引いたものが、予測NOPLATとなる。前章のSTAGE 1と同様、当期利益から逆算した予測NOPLATも計算し、2つの計算方法による計算結果がバランスしていることも確認している。退職給付債務に関する調整（利息費用）については、2017年3月の水準が維持されると仮定した。

SUB-STEP 4　予測貸借対照表の作成　（図表11-4、および図表11-5）

　まず、営業用現金については、過去分析と同様に売上高の2％と仮定する。次に、受取手形・売掛金、棚卸資産、その他の流動資産、支払手形・買掛金、その他の流動負債について、対売上高での比率を2013年3月期から2017年3月期について計算し、過去実績に基づいて、予測用の比率を決定する。この際、単純に5年間平均の比率を用いるのではなく、経営改善等を反映するために、より直近の期の数値にウェイトを置きながら比率を決めるほうがよい場合が少なくない。

　固定資産・負債については、償却対象固定資産とその他有形固定資産の期初残高が売上の一定比率となるという、ストックベースのモデルを採用し、それ以外の無形固定資産、その他の固定負債については、2017年3月期の残高が維持されると仮定した。外食産業では、店舗という投下資産が、フリー・キャッシュフローを生み出す重要な源泉なので、売上に対して資産残高を一定水準に維持するという、ストックベースの考え方のほうが適切だろうという判断である。

　ここまでの比率の算定について、**図表11-4**に示す。

図表11-4 予測貸借対照表の作成に用いる比率の決定

	2013/03	2014/03	2015/03	2016/03	2017/03	予測用比率
営業用現金／売上高						2.00%
受取手形・売掛金／売上高	6.38%	6.20%	6.12%	6.09%	6.13%	6.10%
棚卸資産／売上高	5.10%	4.87%	4.71%	4.99%	4.32%	4.60%
その他の流動資産／売上高	1.71%	2.02%	1.63%	1.60%	1.70%	1.65%
支払手形・買掛金／売上原価	11.64%	13.06%	12.45%	12.62%	11.44%	12.00%
その他の流動負債／売上高	5.49%	6.31%	7.43%	8.41%	8.88%	8.50%
償却対象固定資産期初残高／売上高	10.22%	10.32%	11.78%	11.38%	10.35%	11.00%
その他有形固定資産期初残高／売上高	3.41%	2.81%	2.50%	2.15%	1.88%	2.00%

　図表11-4の比率を基に、貸借対照表を実際に作成する（図表11-5）。償却対象固定資産（およびその他有形固定資産期初残高）は、期初残高の売上高に対する比率を一定（11.0％）として予測したため、念のため計算過程を確認しておく。2018年3月期の期末残高は、2019年3月期の期初残高と等しくなるため、2019年の予測売上高を用いて計算する。具体的には、73,900百万円×11.0％＝8,129百万円。なお、2023年3月期については、後述するように、当社の長期恒久成長率を0.2％としたことから、それに合わせて2024年3月の売上高を予測し、計算している。

　営業外の資産に関しては、フリー・キャッシュフローに直接影響を与えないため、簡易な予測とした。具体的には、資産のうち投資等、および短期・長期の借入金、退職給付債務については、2017年3月期の残高を維持した。また、自己資本については、当期利益は全額内部留保され（配当や自己株式取得といった株主資本等移動の予測はしない）、利益剰余金がその期の当期利益の額だけ増加すると仮定した。その他の包括利益累計額、少数株主持分（非支配株主持分）についても、2017年3月期の残高を維持した。

　このように、有利子負債の残高が維持され、利益はすべて内部留保するとしたため、同社が将来生み出すキャッシュフローの大半は、資産として蓄積されて

図表11-5 予測貸借対照表

(株)モスフードサービス　予測貸借対照表

(単位:百万円)

	2018/03	2019/03	2020/03	2021/03	2022/03	2023/03	2024/03
余剰（非事業用）現金及び現金等価物	13,837	16,552	19,283	22,021	24,767	27,520	30,281
営業用現金	1,424	1,478	1,482	1,487	1,491	1,495	1,500
受取手形・売掛金	4,343	4,508	4,521	4,534	4,547	4,560	4,574
棚卸資産	3,275	3,399	3,409	3,419	3,429	3,439	3,449
その他の流動資産	1,175	1,219	1,223	1,226	1,230	1,234	1,237
流動資産計	24,054	27,157	29,918	32,687	35,464	38,248	41,040
償却対象固定資産償却後残高	8,129	8,153	8,176	8,200	8,224	8,248	8,271
その他有形固定資産	1,478	1,482	1,487	1,491	1,495	1,500	1,504
有形固定資産計	9,607	9,635	9,663	9,691	9,719	9,747	9,775
無形固定資産	2,160	2,160	2,160	2,160	2,160	2,160	2,160
投資等	28,280	28,280	28,280	28,280	28,280	28,280	28,280
固定資産計	30,439	30,439	30,439	30,439	30,439	30,439	30,439
資産合計	64,101	67,231	70,020	72,818	75,622	78,435	81,256
短期借入金・リース債務	540	540	540	540	540	540	540
支払手形・買掛金	3,941	4,090	4,102	4,114	4,126	4,138	4,150
その他の流動負債	6,052	6,282	6,300	6,318	6,336	6,355	6,373
流動負債計	10,533	10,912	10,942	10,972	11,003	11,033	11,063
長期借入金・リース債務	2,050	2,050	2,050	2,050	2,050	2,050	2,050
退職給付債務	394	394	394	394	394	394	394
その他の固定負債	2,310	2,310	2,310	2,310	2,310	2,310	2,310
固定負債	4,754	4,754	4,754	4,754	4,754	4,754	4,754
負債合計	15,287	15,666	15,696	15,727	15,757	15,787	15,818
資本金	11,413	11,413	11,413	11,413	11,413	11,413	11,413
資本剰余金	11,115	11,115	11,115	11,115	11,115	11,115	11,115
利益剰余金	26,261	29,012	31,772	34,539	37,313	40,095	42,886
自己株式	(1,709)	(1,709)	(1,709)	(1,709)	(1,709)	(1,709)	(1,709)
その他の包括利益累計額	1,562	1,562	1,562	1,562	1,562	1,562	1,562
少数株主持分（非支配株主持分）	171	171	171	171	171	171	171
資本合計	48,813	51,565	54,324	57,091	59,865	62,648	65,438
負債・資本合計	64,100	67,231	70,020	72,817	75,622	78,435	81,255
バランスチェック	0	0	0	0	0	0	0

図表11-6 予測投下資産残高

(株)モスフードサービス　予測投下資産　(単位:百万円)

	2018/03	2019/03	2020/03	2021/03	2022/03	2023/03	2024/03
営業流動資産	10,217	10,605	10,635	10,666	10,697	10,728	10,759
営業流動負債	(9,993)	(10,372)	(10,402)	(10,432)	(10,462)	(10,493)	(10,523)
営業運転資金	224	233	234	234	235	236	236
償却対象固定資産償却後残高	8,129	8,153	8,176	8,200	8,224	8,248	8,271
正味その他営業用固定資産	1,327	1,332	1,336	1,340	1,345	1,349	1,353
営業用投下資産	9,681	9,717	9,746	9,775	9,803	9,832	9,861
余剰現預金	13,837	16,552	19,283	22,021	24,767	27,520	30,281
投資等	28,280	28,280	28,280	28,280	28,280	28,280	28,280
投下資本総額	51,798	54,549	57,308	60,075	62,850	65,632	68,422
資本調達から見た投下資本							
長短借入金・リース債務	2,590	2,590	2,590	2,590	2,590	2,590	2,590
退職給付債務	394	394	394	394	394	394	394
株主資本(自己株式差引後残高)	47,080	49,832	52,591	55,358	58,133	60,915	63,705
その他包括利益累計額	1,562	1,562	1,562	1,562	1,562	1,562	1,562
非支配株主持分	171	171	171	171	171	171	171
投下資本総額	51,798	54,549	57,308	60,075	62,850	65,632	68,422
バランスチェック	0	0	0	0	0	0	0

いく。このことを反映し、貸借対照表の左右をバランスさせる調整項目となっているのが、余剰(非事業用)現金及び現金等価物である。

SUB-STEP 5　予測投下資産残高の計算 (図表11-6)

　予測貸借対照表を基に、過去分析の際と同様の手順で、営業用投下資産の残高を整理して、営業用投下資産残高の予測値を計算する。なお、念のた

め、非営業用の資産を加算した投下資本総額を計算し、それが資本調達（貸借対照表の右側）から計算された予測値と一致していることも確認している。

STEP 4 予測フリー・キャッシュフローの算定

　STEP 1～3が完了すれば、予測フリー・キャッシュフローが計算できる。基本的な計算手順は、前章のSTAGE 1の過去分析と同様である。具体的には、本章STEP 3のSUB-STEP 3で求めた予測NOPLATから、SUB-STEP 5で求めた予測投下資産残高の変化から計算される営業用資産への純投資予測額を差し引いて、予測フリー・キャッシュフローを求める。

　実際にモスフードサービスにおいて、予測フリー・キャッシュフローを求めたのが、図表11-7である。

　貸借対照表上の営業用資産のうち、営業運転資金と正味その他営業用固定資産について、過去実績よりも保守的に（多めに）対売上高での残高の比率を

図表11-7　予測フリー・キャッシュフロー

（株）モスフードサービス　予測フリー・キャッシュフロー　　　　　　　　　　　　（単位：百万円）

	2018/03	2019/03	2020/03	2021/03	2022/03	2023/03	2024/03
予測NOPLAT	2,569	2,647	2,655	2,663	2,670	2,678	2,686
減価償却費	2,223	2,100	2,106	2,112	2,118	2,124	2,131
グロス・キャッシュフロー	4,792	4,747	4,761	4,775	4,789	4,802	4,816
－ 営業運転資金の増加	(341)	(9)	(1)	(1)	(1)	(1)	(1)
－ 設備投資（総額）	(1,748)	(2,123)	(2,130)	(2,136)	(2,142)	(2,148)	(2,154)
－ 正味その他営業用固定資産の増加	(155)	(4)	(4)	(4)	(4)	(4)	(4)
グロス投資額	(2,244)	(2,136)	(2,135)	(2,141)	(2,147)	(2,153)	(2,159)
予測フリー・キャッシュフロー	2,548	2,611	2,626	2,634	2,642	2,649	2,657

見込んだため、予測初年度については、グロス投資額が大きい数字となっている（投資が増えて営業用資産が積み上がった）が、それ以降は、売上高の成長とリンクして、安定的にグロス投資額が推移していることがわかる。

STEP 5 複数業績予測シナリオの作成（適宜）と戦略的見通しとの一貫性・整合性のチェック

　STEP 1～4によって、1つのシナリオは完成し、予測フリー・キャッシュフローが求められる。STAGE 4で説明するように、これらの予測フリー・キャッシュフローをWACC（加重平均資本コスト）で割り引けば、エンタプライズDCF法による企業価値の計算ができる。

　ただし、実際には、このような1つのシナリオだけで、将来の業績をある程度の確信を持って予測できるケースは多くはない。そこで、将来の不確実性を反映させるべく、複数のシナリオを作成する場合がある。このようなケースをシナリオ分析という。

　シナリオ分析では、メインシナリオ（評価者や関係当事者が、もっとも可能性が高いと考えるシナリオ）の他に、楽観シナリオ、悲観シナリオといった形で、上下に業績の幅を取る手法が一般的に用いられる。そして、最終的には各々のシナリオの下で求められた企業価値に対して、適宜シナリオが起こることの主観的確率（シナリオがどの程度の確率で起こりそうか、という評価者の見解）を乗じて加重平均して、期待される企業価値を算定するといった手法も採られている。

　モスフードサービスの予測についても、本章の予測では、国内市場における労働力人口の変化と、国内のインフレ率のみを勘案して作成しているが、日本企業は、縮小する国内市場を補うべく、東南アジアなどの海外での成長余力を探っている。実際に、同社のアナリスト説明会の資料等でも、海外出店を増やす計画が読み取れ、仮に海外でもある程度の市場を確保できるとすれば、より楽観的な予測シナリオを作成することは可能なように思える。

　以上のように、複数シナリオの検討も含め、フリー・キャッシュフローの数値

が出そろったら、最後に予測数値から主要なバリュー・ドライバーを導き出し、STAGE 1で過去業績について行ったのと同様に、業績予想全体を評価、検証する。この際、以下のようなポイントに注意するとよい。

1. バリュー・ドライバーの動向は、評価対象企業の業績や業界の競争状況と矛盾しないか。

    評価対象企業の今後の業績や所属する業種の環境について、本章のSTEP 2で立案した戦略的見通しと、実際に作成された予測財務諸表から計算される売上や利益の成長率、投下資産への投資額、ROICといったバリュー・ドライバーの予測期間内での推移が、矛盾していないことを確認する。具体的には、以下で掲げるような項目を踏まえながら、各バリュー・ドライバーについて確認する。

2. 売上高の成長率予測が、業界成長力とかけ離れていないか。

    対象企業の売上高成長率が、業界全体で予測されている成長率よりも高いということは、競合他社のシェアを浸食することを意味する。したがって、具体的にどの企業のシェアを奪うのか、シェアを奪われた企業がなぜ反撃しないのか、他社のシェアを浸食するだけの経営資源はあるのか、といったことを具体名を挙げて説明できなければならない。

3. 資本利益率の予測が業界の競争状況と矛盾しないか。

    業界全体として、参入障壁が崩れたり、顧客の交渉力が増大したりしている場合は、利益率は低下すると考えるのが自然である。逆に業界内での評価対象企業の地位が向上するのであれば、利益率が上昇するという予測がなされるべきであろう。

4. 評価対象企業の業界における技術革新のスピードはどうか。また技術革新が収益率や、リスクにどのような影響を与えると予測されるか。

5. 対象企業において予想されている投資案件が複数ある場合に、そのすべてが実現可能なのか。すべてを実行するだけの資源や、人材がいるか。

6. 資金ニーズ面から見て、財務面の予想に不自然な点はないか。資金調

達計画は、計画通りに実施できるのか。

以上、ここまで業績予測期間におけるフリー・キャッシュフローが計算された。次章のSTAGE 3では、フリー・キャッシュフローを現在価値に割り引く際に必要な、加重平均資本コスト（WACC）の求め方について説明しよう。

第12章

エンタプライズDCF法の実務

[STAGE 3]
資本コストの推定

STAGE 3は、企業価値計算に不可欠な資本コストの推定である。エンタプライズDCF法や、それに類する現在価値の考え方を基本にした企業価値計算においては、将来発生すると予想されるキャッシュフローをどのような割引率、もしくは資本コストで現在価値に割り引くのかが結果を左右する。

資本コストの推定は、ファイナンス分野において、もっとも重要なテーマの1つであり、第1部において、その考え方の基礎から有利子負債のコスト、株主資本のコストの求め方を詳細に説明した。本章では、それらの理論に基づき、実際にモスフードサービスの資本コストを分析する手順を説明する。

フリー・キャッシュフローを割り引くエンタプライズDCF法において、割引率として用いられるのは、税引後の加重平均資本コスト（WACC: Weighted Average Cost of Capital）である。まず、第8章で説明した税引後WACCの計算式（式8-2）を確認しておこう。税引後WACCの計算式は、各種資金調達方法について、法人税控除後の資本コストの加重平均を取って、全社的なキャッシュフロー（フリー・キャッシュフロー）の資本コスト（割引率）を計算している。

$$税引後 WACC = r_D \times (1 - t_C) \times \frac{D}{D+E} + r_{E,L} \times \frac{E}{D+E}$$

ただし、
D：有利子負債の時価 [注1]
r_D：有利子負債の税引前資本コスト（金利・利回り）
E：株主資本の時価
$r_{E,L}$：株主資本コスト
t_C：法人税率

本章では、この計算式の各要素をどのように求めるかについて、4つのステッ

[注1] 第8章の8-1節では、Dを負債（永久債）としていたが、エンタプライズDCF法の実務では、必ずしも永久債に限らない。また、負債は有利子負債のみを含める（STEP 1で詳述）。

プを追って考えていく。

　　STEP 1：資本構成の推定
　　STEP 2：有利子負債の資本コストの推定
　　STEP 3：普通株式の株主資本コストの推定
　　STEP 4：WACC（加重平均資本コスト）の計算

STEP 1　資本構成の推定

　最初に、税引後WACCの計算式において、どのような比率で負債と株主資本のコストを加重平均するか、について考えよう。この比率を推定することは、評価対象企業が、将来どのような資金調達の組み合わせを選択するか、を予想することを意味している。

　企業の資金調達手段ごとの構成比は、時間の経過とともに変化する。したがって本来であれば、税引後WACCは、すべての資金調達手段についてそのコストを加重平均し、期間ごとの金利水準や資本構成を反映して、毎期異なった数値を利用すべきであろう。しかしながら、実務上は一般に、エンタプライズDCF法でフリー・キャッシュフローを割り引く場合、継続価値の計算に至るまで、税引後WACCは一貫して同じ数値が用いられていることが多い。

　すべての期間に同一のWACCを使って現在価値を計算する場合、遠い将来に至るまで同一の割引率を用いるのであるから、そのことと整合的な数値を使って計算されるべきである。具体的には、その企業の現状と将来の姿を総合的に勘案して、今後の資金調達手段が長期的にどのような形で行われ、その比率はどのようになるのかをある程度単純化し、一定の水準に固定すべきである。現状の資本構成が将来にわたって維持される、という前提が満たされない限りは、現状の資本構成比率をそのまま安易に、税引後WACCを計算する際の加重平均に使うべきではない。

この長期的な資本構成を推定するには、以下のような手順で考えるとよい。まず、上場企業であれば、現在の時価をベースに、評価対象企業の現状の資本構成を把握する。その後、評価対象企業の類似企業（同業で企業規模的にも類似性の強い企業）の資本構成や将来計画などから、資金調達の方針を検証・修正したうえで、長期的な目標資本構成を決定する。なお、負債（D）は有利子負債のみを含めることに注意しよう。無利子の負債（支払手形・買掛金など）は「営業流動負債」として、投下資本のマイナス項目として認識され、その増減分がフリー・キャッシュフローに反映される（第10章STEP1-3参照）。

目標資本構成を考える際には、評価対象企業の現在の株式時価、可能ならば社債の時価をベースに、評価対象企業の現状の資本構成を把握する。銀行借入れについては、短期借入れは借入金額そのものを用いるが、長期借入れについては、可能であれば社債と同様に、その返済スケジュールに応じ、借入期間と同期間の社債利回りを用いて時価評価するのが望ましい。

同時に、類似企業で上場企業があれば、そのデータを何社かピックアップし、時価ベースの資本構成を分析する。なお、非上場企業の場合、最初の時価ベースの資本構成を計算できないため、この類似上場企業の資本構成が重要な判断材料となる。

最終的には、以上の手順で得られたデータを基に、評価対象企業が、今後どのような資本構成を目指しているのかを加味して、評価対象企業の長期的に維持可能で、かつ企業価値計算に妥当と思われる目標資本構成を決定する。

STEP 1 実例　モスフードサービスの資本構成

それでは、具体的にモスフードサービスの資本構成を考えていこう。

同社の2017年3月期の資本構成では、有利子負債残高は、図表10-4の項目 16 19 20 を合算して、2,984百万円（＝540百万円＋2,050百万円＋394百万円）と計算される。また、余剰現預金は、11,185百万円である（図表10-4の項目 1）。一方、株主資本については、2017年3月末段階で、時価総額が101,422百万円となっている。

後述するが、このように余剰現預金のほうが有利子負債よりも多い企業の場合、実務の世界では、余剰現預金を考慮せず、有利子負債残高の2,984百万円を用いる考え方（この場合、有利子負債2.9％、株主資本97.1％）、有利子負債残高はゼロとする考え方（この場合、有利子負債0％、株主資本100％）、有利子負債残高から余剰現預金を差し引いたマイナスの純有利子負債残高（－8,201百万円）を用いる考え方（この場合、有利子負債－8.8％、株主資本＋108.8％）[注2]が混在して用いられている。

　結論から言えば、フリー・キャッシュフローが営業用の投下資産から生み出されること、のちに推定される株主資本コストの計算根拠となる市場での同社のベータ（市場リスク）が、多額の余剰現預金（リスクのない資産）の存在を前提に、本業（外食事業）のリスクよりも低めに見積もられていることを勘案すると、理論的には、最後のマイナスの純有利子負債を用いる計算方法による、有利子負債－8.8％、株主資本＋108.8％が、もっとも整合的である。

　ただ、実務上は、この点は必ずしも徹底されていない。そのため、他の計算方法との間で、WACCの計算値にどの程度の差が出るかについて、STEP 4で確認する。なお、同業の上場企業としては、日本マクドナルドホールディングスがあるが、米国の親会社の子会社であることの特殊性や、近年の経営状況の影響もあり、資本構成の比較は行わないこととした。

STEP 2　有利子負債の資本コストの推定

　長期的目標資本構成が決まれば、次に、各資金調達手段の資本コストを求めることになる。

　STEP 2ではまず、有利子負債の資本コストを考える。負債調達については、日本は従来、銀行借入れによる調達が多かったが、最近ではコマーシャル・

[注2]　$D = 8,201$、$E = 101,422$として、$D/(D+E)$、$E/(D+E)$を求めたもの。

ペーパーや社債によって調達する企業も増えている。

有利子負債の資本コストの推定については、長期の社債における流通利回りのデータを参考にして決定するのが一般的である。その際、社債の信用格付けごとに利回りが異なる。一般に、格付けが低い（財務の信用力が低い）企業ほど、社債の利回りは高くなる。また、社債の満期までの期間ごとに金利が異なるが、満期までの期間が長い社債ほど利回りが高い（「順イールド」という）。

一般的に、信用格付けがBBB格以上の信用力を持つ企業については、その企業に関するデータが存在する最長期間の市場利回りから、日本国債の利回りとの差（スプレッド）を求める。そして、そのスプレッドを、後述するリスクフリー金利（残存期間10～30年の国債金利）に加算して、有利子負債の金利を求める。

それより格付けの劣る企業については、BBB格企業について上記で求めた有利子負債のコストに、相応のリスクプレミアムを加味したものを用いる。このプレミアムの水準に関しては、日本では取引市場がないケースが多いので、たとえば、バーク等［2014］の表12-3に示されている米国におけるBBB格や、それ以下の格付けの社債のベータを用いる方法が考えられる。

銀行借入れやリースといった有利子負債のコストについても、上記の方法で求めた社債金利を基準に、資本コストを求めることになる。市場の短期金利がマイナスとなっている現状だけを見れば、社債を発行するよりも銀行借入れのほうが支払金利が低い、という企業もあるだろうが、これについては、超長期の将来を展望したとき、そのような状況が維持可能かどうかという観点から考えるべきである。

銀行やリース会社からの資金調達は、社債など直接金融での資金調達に比べて、コスト高（直接金融ではなく、間接金融を利用することによる、金融機関のマージンが加味される）となると考えるべきであって、近い将来、間接金融による有利子負債の資本コストが、少なくとも直接金融の社債コスト並みになると考えるならば、社債金利を間接金融の有利子負債に準用しても不自然ではないだろう。また、銀行借入れは往々にして、短期借入れの比率が多く、頻繁に金利見直しがされるので、将来、現在のイールドカーブの予測にしたがって短期金利

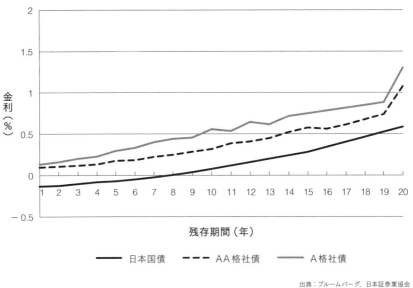

図表12-1 国債と社債のイールドカーブ（2017年6月30日時点）

出典：ブルームバーグ、日本証券業協会

が上昇していけば、見直し後の金利も上昇し、長期的に平均すれば、結局は現在の社債のイールドカーブに近いコストとなるだろう。

STEP 2 実例 モスフードサービスの有利子負債の資本コスト

さて、実際にモスフードサービスの有利子負債のコストを求めてみよう。なお、本章では、有利子負債、リスクフリーの金利水準、市場・リスクの評価時点を、2017年6月末時点とした。予測財務諸表を用いた評価の基準日は2017年3月末であるが、2017年3月期の財務データが公表され、株価に織り込まれた時期ということで、この時点を採用している。

まずモスフードサービスは、社債格付けを取得してはいないが、財務内容としてほぼ無借金であること、業績が安定的に推移していることを勘案し、少なくともA格以上に相当すると判断した。そこで、2017年6月末の日本国債、AA

格社債、A格社債のイールドカーブ（金利を縦軸、債券の残存期間を横軸とした利回りのグラフ）を**図表12-1**に示す。これらのデータは、国債利回りについてはブルームバーグ（Bloomberg）端末、社債利回りについては日本証券業協会のホームページ（「格付マトリクス」ダウンロードページ）から取得した。

後述するように、STEP 3においては、CAPMで株主資本コストを求める際に、リスクフリー金利として20年物国債金利を用いている。したがって、有利子負債の資本コストについても、同じ残存期間20年のA格付け社債金利である1.3％を採用した。

STEP 3　普通株式の株主資本コストの推定

STEP 3では、株主資本コストを推定する。この作業は、WACC計算の過程では最大の問題である。

これに関しては、実務上はCAPM（資本資産価格モデル）が用いられることが圧倒的に多い。CAPMについては、第5章で詳細に説明した。ただ、個々の変数の取り方はまちまちで、実務の現場でも見解が分かれている。本章では、特にCAPMに実務上用いられる諸変数について考え方を整理し、筆者の見解を述べる。

まず、CAPMによる株主資本のコストの計算式を復習しておこう。第5章では説明上、「個別投資案件の期待収益率：r_i」「個別投資案件の分散不能リスク（市場リスク）の大きさの指標ベータ：β_i」と記述していたが、WACCの計算式に合わせて、それぞれ「株主資本の期待収益率（資本コスト）：$r_{E,L}$」、「評価対象企業株式のベータ（市場リスクの大きさの指標）：$\beta_{E,L}$」と表記を変えているものの、基本的には同じ概念である。

CAPMの式：$r_{E,L} = r_f + \beta_{E,L} \times (r_m - r_f)$

ただし、

株主資本の期待収益率（資本コスト）：$r_{E,L}$
市場ポートフォリオの期待収益率：r_m
リスクフリー金利：r_f
市場リスクプレミアム：$r_m - r_f$
評価対象企業株式のベータ（市場リスクの大きさの指標）：$\beta_{E,L}$

ここでは、上式の重要要素であるリスクフリー金利、市場リスクプレミアム、ベータの3要素の推定を、3つのSUB-STEPとして考え、それらを総合してSUB-STEP 4で株主資本コストを求める。

SUB-STEP 1：リスクフリー金利の推定
SUB-STEP 2：市場リスクプレミアムの推定
SUB-STEP 3：ベータの推定
SUB-STEP 4：普通株式の株主資本コストの算定

SUB-STEP 1　リスクフリー金利の推定

　第1に、リスクフリー・レートである。ここで、短期国債、残存期間10年の国債、超長期（残存期間20年、30年）国債のいずれの利回りを、リスクフリー金利として使うべきだろうか。

　米国におけるリスクフリー金利として、マッキンゼー［2016］等の教科書では、残存期間10年の米国債の利用を勧めている。結論から言うと、本書執筆時点（2017年6月末）の日本では、残存期間20年の国債の利回りを利用することを提案する。すべてのキャッシュフローを一律のWACCで割り引く手法においては、現在の足下のほぼゼロである短期国債金利よりも、将来の短期国債金利予測（インプライド・フォワードレート）における平均値としての長期国債金利を使うことが望ましいのは、有利子負債コストの計算の説明と同様の考え方である。

　一般に、米国で残存期間10年の国債利回りをリスクフリー金利として用いることの理論的背景は、取引が盛んで流動性が高いために利回りに信頼性が高

いことと、企業から将来発生するフリー・キャッシュフローのデュレーションと呼ばれる平均的期間が10年に近いことが挙げられる。ただし、日本の場合には、本稿執筆時点において、日本銀行が「長短金利操作付き量的・質的金融緩和」という複雑な金利操作を行っている関係で、残存期間10年未満の国債金利を中心に、金利がゼロ近辺に、人為的に低めに抑制されている。このような状況が、遠い先の将来まで維持されるとは考えづらく、そのことを勘案し、本書ではより長めの満期までの期間（20年以上）の金利を用いることを提案している[注3]。

ただし、日本においても残存期間10年を超える国債の流動性は高くないので、流動性の低さに伴う利回りの上乗せ（流動性プレミアム）がされている可能性はある。したがって、次善の策として、30年以上の残存期間の国債利回りではなく、順イールドの下で、より利回りが低めとなっている残存期間20年の国債利回りを用いることとする。

なお、実務の現場では、過去数年間の国債金利の平均を、リスクフリー・レートとして用いているケースも見られる。この場合、日銀がマイナス金利を導入する前の国債利回りも平均の計算対象となるため、リスクフリー金利が高めに計算される。しかしながら筆者は、この方法は理論的ではないと考える。なぜならば、国債の利回りは、（日銀の人為的なマイナス金利政策がなかったならば）その時々のインフレ率の期待値を反映して変動しており、過去の平均値は、現在の期待インフレ率とは必ずしも整合性を持たないからである。

我々が実質（インフレ率勘案後の購買力）ベースではなく、名目ベースでDCF法を適用することを前提に考えれば、基準金利はあくまでも評価時点でのインフ

[注3] この点に関して、リスクフリー金利に残存期間10年の国債利回りを用いないと、10年国債利回りを基に算出されたヒストリカルな市場リスクプレミアムの推定値と齟齬を来すという指摘がある。しかしながら、ヒストリカルなリスクプレミアムの推定期間の大半においては、現在のような特殊な長期金利操作がされていない、自由な市場取引によって国債の利回りが形成されていたことを考えると、現在の長期金利操作が終了するまでの間、比較的金利操作の影響が少ない、より長期の金利を用いることは、一概に齟齬を来すことになるとはいえないと筆者は考える。

レ期待を反映した現在の名目金利を用いるべきであり、過去数年間の国債平均利回りのほうが現状の国債金利よりも高いからといって、過去の利回りを用いるのは無理があるように思える。

SUB-STEP 2　市場リスクプレミアムの推定

次に必要となるのは、市場リスクプレミアムの推定値である。市場リスクプレミアムは、将来リスクのある資産の市場ポートフォリオ（市場全体に投資するポートフォリオ）と、リスクフリー金利（国債利回り）との間に、どの程度の差が発生するかについて、投資家が期待しているかを表わす数値である。

市場リスクプレミアムを推定するには、将来の期待収益を直接投資家から聴取し、そこから数値を計算する方法と、過去の株式、債券の利回り実績に基づいて推定する方法があるが、実務上は、後者が使われるケースが多いように思う。結論から言うと、CAPMを用いる際には、東京証券取引所第1部上場企業の株価指数TOPIXを市場ポートフォリオの代替指数とし、市場リスクプレミアムは、過去の利回りからの推定値として4.5～6.5％の範囲の数値を用いることを薦めたい。

以下では、このように判断する理由について、2つの論点を提示して議論を整理し、上記のような取り扱いを推奨する根拠を示すこととする。

論点1：市場ポートフォリオ代替指数の選択

最初に問題となるのは、CAPMでいう市場ポートフォリオ（すべてのリスク資産を含むポートフォリオ）の代替指数として、どのような株価指数を使うかである。実務上は、日本の株式評価の場合、日本の株価指数の代表で採用銘柄数の多い東証株価指数（TOPIX）を利用することが多い（もちろん、この指数を使った場合、東証第2部上場の株式や、東京以外の国内証券取引所上場企業の収益率は無視されている）。また、多国籍企業で、世界的に売上が分散している企業の場合には、世界的な株価指数（モルガン・スタンレー証券開発のMSCI World指数など）を用いることもある。いずれにせよ、マーケット・リス

クプレミアムの算定で用いた株価指数は、のちほどベータを推定する際に利用する指数と同様のものを利用するのが原則となる。

論点2：過去の収益率からの市場リスクプレミアムの推定期間

　一般に過去の収益率の平均を計算する際には、1年ごとの投資収益率データを用いているケースが多い。平均を取る期間については、長ければ長いほどよい、とされている。これは、過去のデータに基づく市場リスクプレミアムの算定が、直接観測されない将来の期待値に関するものだからである。

　ある硬貨について、その硬貨にひずみがなく、表と裏の出る確率が2分の1ずつとなっているかを調べるために、何度もその硬貨を投げ、その結果を見て判断しようとしていると考えてみよう。仮にその硬貨にひずみがないとすれば、何百回と硬貨を投げるうちに、表と裏の出た回数は限りなく近づいていくに違いない。硬貨を投げる回数（標本を取る回数）は、多ければ多いほど偶然の影響が排除されて、本来の硬貨の性質（母集団の性質）に近づく。同様に、株式の市場リスクプレミアムについても、何十年ものデータを積み重ねていけば、仮にリスクプレミアムが歴史的に安定的に推移するとすれば、過去のデータの標本平均は、母集団である「本来の市場リスクプレミアム」に限りなく近づいていくはずである。

　ただ、日本の場合、戦前〜戦後の混乱期のデータをどのように修正して平均値を出すかという問題がある。Dimson, Marsh, and Staunton [2017] は、1900〜2016年の長期債に対するリスクプレミアムが5.0％と試算を出している。しかしながら、彼らの修正をどの程度信頼するかは判断が分かれるところであり、実際、実務上大部分のケースでは、戦後のデータのみを利用している。一方、戦後の数値では、イボットソン・アソシエイツ（Ibbotson Associates）が示している、1952年からの株式と国債のリターンのデータを用いるプレミアム推定値である。ちなみに、このデータによると、10年物長期国債利回りに対するリスクプレミアムは7％台となる。これに対して、日本の高度成長期における株式リターンを、安定成長に入った日本経済の株式リタ

ンと平均すべきか、という議論もある。仮に市場リスクプレミアムが安定的でなく、経済状況とともに変化していくのであれば、より最近のデータによる推定が妥当だ、という主張である。この考え方に基づけば、市場リスクプレミアムの水準は、上記の数値よりもかなり低くなる。

　市場リスクプレミアムについては、実務家の間でも推定方法に幅があるので、実際にどのような数値が用いられているのかを参考にしておくのがよい。その点でいえば、Fernandez 他 [2017] のように、毎年アナリストや企業財務担当者などに、どのような市場リスクプレミアムを用いているかのアンケートを取り、集計したものが公表されている。それによると、日本で実際に用いられている市場リスクプレミアムの平均値は6.0％、中央値（メディアン）は6.1％となっている。

　本書が（執筆時点〔2017年6月末〕において）、4.5～6.5％という範囲での市場リスクプレミアムの利用を推奨するのは、以上のような過去データとアンケートを総合的に判断した結果である。

SUB-STEP 3　ベータの推定

　最後に必要となるのは、ベータの推定である。ベータの推定は、もっとも難しく、実務上もさまざまな推定方法が用いられているので、以下では、比較的、実務上標準的に行われていると思われる推定方法を掲げる。ただし、最終的に用いる数値に関しては、ある程度の主観的判断が行われる余地を、筆者は否定するものではないことをあらかじめ申し添えておく。

　上場企業については、MSCI 社が発表するバーラ（Barra）ベータ（将来予測ベータ〔predicted beta〕）の利用が可能ならば、それを用いる。入手不可能な場合、過去の株価収益率から回帰分析で求めたベータ[注4]を利用する。

[注4]「ブルームバーグ」や「日経バリューサーチ」のような金融情報端末で提供されるベータや、日本取引所グループの提供する「TOPIX β VALUE」も、基本的には回帰分析により推定したベータに基づいている。

なお、回帰分析によりベータを推定する場合には、ベータは収益率の計算期間や推定期間によって大きく変化することがあるので十分に注意し、みずからの用いているベータが直感的に異常値と思われたら、非上場企業と同様に、同業他社のベータ平均値などを参考にベータを決定する。

非上場企業の場合、同業の上場企業について、上に述べた方法でベータを推定し、資本構成による影響を取り除くための修正を施したベータ（アンレバード・ベータ：unlevered beta、100％株主資本で調達していたという仮定の下でのベータの修正値）を求め、その平均値や中心値を再度評価対象企業の資本構成に合わせて再修正したものを、対象企業のベータとする。

上場企業のベータの推定について、解説しておこう。バーラ（Barra）社は、1975年、当時カリフォルニア大学の教授であったバー・ローゼンバーグ博士（Dr. Barr Rosenberg）らによって、ファイナンスの研究および理論を実際の投資に活用することを目的として設立された企業である。その後、2004年、現在のMSCI社（ニューヨーク証券取引所上場）に買収された。

バーラ社が開発したのは、ベータを過去の株価リターンだけから直接的に推定するのではなく、株価以外に企業の事業の性格に影響を与えると思われる数々の経済的変数を用いて、推定しようというモデルである。彼らはこのモデルから推定されたベータを、バーラの「将来予測ベータ」と呼んでいる。バーラの将来予測ベータは、株価だけでなく、それ以外にも経済的に見て企業の性格に影響を与えそうな変数について、50以上の説明変数を使い、安定的にベータを推定しようという考え方である。実務上も、専門性が高いと世間で見られている投資銀行では、バーラ社のベータを意識しつつ、ベータの推定を行っているようである。

ただし、バーラ社のベータは、投資銀行関係者以外では、実際にデータにアクセスできる読者は少ないだろうと予想される。したがって次善の策として、過去の株価とTOPIXの値からリターンを計算し、回帰分析でベータを推定する方法が用いられる。過去の株価からベータを回帰分析によって推定する方法は、データの入手が容易で、高価なデータベースを購入しなくても自分でベータが推

定できるメリットがある。

以下、この方法でベータを推定する場合の手順を簡単に説明する。

手順1

まず、一定の頻度（通常週次、または月次）でベータを測定したい企業の株式のリターンと、マーケット・リスクプレミアムの算定に用いたマーケット・ポートフォリオの代替指数のリターン（収益率）を時系列的に計算する。なお、これらの基となる株価や指数のデータは、Yahoo! ファイナンス等で入手可能である。

手順2

手順1で求めたリターンのデータを元に、以下のように、分析対象企業の収益率を非説明変数、マーケット・ポートフォリオの収益率を説明変数とする単回帰分析を行う。これは、表計算ソフトの関数（LINEST 関数、もしくは、SLOPE 関数）や散布図グラフの追加機能で、簡単に実行できる（この手順をモスフードサービスで行った事例をのちほど示す）。

$$r_i = a + br_m + \varepsilon$$

ただし、

r_i：分析対象企業株式のリターン

r_m：市場ポートフォリオ（代替指数としての TOPIX）のリターン

a：切片、b：ベータの推定値、ε：誤差項

なお、この回帰分析によるベータに準じるものが、「ブルームバーグ」や「日経バリューサーチ」のような金融情報端末、日本取引所グループのクラウドサービス「TOPIX β VALUE」で提供されているので、上記の作業が面倒だと感じる場合、これらのサービスを利用するのも一案である。

上場企業の場合は、バーラ社のものを使うにせよ、過去のデータから回帰

分析でベータを推定するにせよ、直接的に評価対象企業のベータを求めることができる。しかしながら、非上場企業の場合は、そもそも株価が存在しないので、どちらの手法も直接に使うことはできない。ここで用いられるのが、評価対象企業と類似の業種・規模で上場している企業のベータを参考にする、という方法である。

この方法では、評価対象企業と類似の上場企業を数社ピックアップし、それら上場企業のベータの平均や中央値を用いて、評価対象企業のベータを推定することになる。しかし、一口に類似企業といっても、その負債と株主資本の構成比は異なっている。企業の株式のリスク指標であるベータには、本業のリスクと借入れがもたらす財務リスク（財務レバレッジによるリスク）の2つが影響を与えているため、複数の上場企業のベータを参考にして本業のリスクを求めようとする場合、財務リスクを取り除いて平均を取るほうが理想的である。

そこで、比較している類似上場企業のベータに対して、「借入れがなかったと仮定したら」、すなわち「本業のリスクだけを抽出したら」どのようなベータとなるかを推定する。この作業を、ベータをアンレバー（unlever）すると呼び、この計算式に基づき計算されたベータを「アンレバード・ベータ（unlevered beta）」と呼んでいる。この点については、第8章8-2〜8-3節で説明した。バーラ社や過去の株価より計算されるベータとアンレバード・ベータとの間には、第8章8-3節で示したように、以下のような関係が成り立っているので、ここからアンレバード・ベータを算出する[注5]。

$$\beta_{E,L} = \beta_{E,U} + \frac{D}{E} \times (1 - t_C) \times (\beta_{E,U} - \beta_D) \qquad (式8\text{-}3)$$

ただし、

[注5] すでに第8章で説明したように、この式の前提として、有利子負債の残高が将来にわたって一定であることが必要である。

$\beta_{E,L}$：実際に回帰分析等で推定される上場企業のベータ
　　　＝借入れのある企業のベータ
$\beta_{E,U}$：アンレバード・ベータ（本業のリスクを示すベータ）
β_D：当該上場企業の負債のベータ
D：負債の時価総額
E：株主資本の時価総額
t_C：法人限界税率

実務上は、負債のベータを推定するのが容易ではないため、$\beta_D = 0$、すなわち、その企業はリスクフリー金利で社債を発行できる、と仮定して計算し直した以下の式で、アンレバード・ベータを求めることが多い[注6]。

$$\beta_{E,L} = \beta_{E,U} \times \left[1 + \frac{D}{E} \times (1 - t_C) \right]$$

評価対象企業と類似の上場企業について、アンレバード・ベータの平均や中央値を求めたら、それを評価対象企業の業界ベータ（アンレバード・ベータ）として用いる。そのうえで、STEP1で求めた評価対象企業の目標資本構成に合わせて、上記の計算式で、今度は借入れによる財務リスクをも反映したベータとして求めれば、作業は完了である。この作業をベータのリレバー（relever）と呼んでいる。

[注6] ただし、この計算式で求めたアンレバード・ベータは、借入比率の高い企業の場合、極端に小さい値（0.2以下）となることが多い。借入比率が高い企業において、負債コストをリスクフリー金利と仮定することの弊害である。この問題を解消するには、実際に推定した負債の資本コスト（r_D）、リスクフリー金利（r_f）、市場リスクプレミアムを用いて、CAPMにより負債のベータ（β_D）を逆算して、本来の（β_Dを含んだ）アンレバード・ベータの計算式を用いるという方法が考えられる。

SUB-STEP 4　普通株式の株主資本コストの算定

以上3つのサブ・ステップが終了すれば、CAPMの要素はすべて求められたことになり、CAPMの式：$r_{E,L} = r_f + \beta_{E,L} \times (r_m - r_f)$ によって、株主資本コストを求めることができる。

STEP 3 実例　モスフードサービスの株主資本コスト

それでは、ここまでを踏まえて、実際にモスフードサービスについて、株主資本コストを推定してみよう。

まず、SUB-STEP 1についてであるが、**図表12-1**に示した国債のイールドカーブから、残存期間20年の国債金利である0.58％を用いる。SUB-STEP 2については、Fernandez 他 [2017] も参考に、前述したリスクプレミアムの推奨範囲4.5～6.5％の中央近辺となる5.5％を採用する。

SUB-STEP 3のベータについては、2017年6月におけるバーラ社によるベータ0.529を採用することとするが、参考までに**図表12-2**で、回帰分析によって2015年7月から2017年6月までの2年間の週次のリターンを散布図にプロットし、ベータを回帰分析で推定したグラフを示す。

回帰分析による推定では、ベータが0.399と低めになっている。外食産業自体は、経済全体の変化と連動する度合いは大きくない（市場全体の動きほど、外食企業の株価変動は大きくない）と考えられるので、これらの数値は、モスフードサービスの事業の性格を勘案して妥当な範囲にあると考えられること、同業の上場企業が1社しかないことを勘案し、当社以外の上場企業のベータを参照することは行っていない。

以上を踏まえて、SUB-STEP 4でモスフードサービスの株主資本コストを算定すると、$r_{E,L} = 0.58\% + 0.529 \times 5.5\% = 3.49\%$と算定される。

最後になるが、ここまで説明してきた株主資本コストを推定する方法は、どのような数値を入力するのが説得的かに対する、筆者の1つの考え方である。この方法が唯一無二であると主張するつもりはないし、実務上は、各論点におい

図表12-2 TOPIXのリターン（横軸）とモスフードサービスのリターン（縦軸）の散布図と回帰直線（2015年7月～2017年6月・週次）

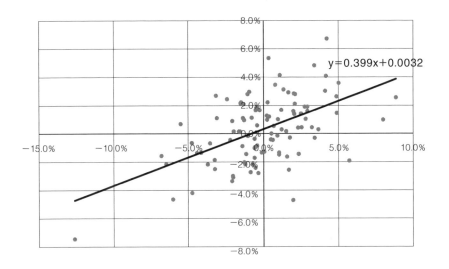

て、異なる考え方が存在することも理解している。

　ただ、1つだけ指摘しておきたいのは、資本コストの計算においては、いわゆる「いい所取り」は禁物であり、計算の過程において、ある前提を置いて数値を入力した場合、その他の箇所で使われる数値も、その前提と整合性を持っていなければならない、ということである。この点は、ここまで説明してきた資本コストの計算方法において、もっとも注意を払ったポイントである。なお、本書で触れなかった論点（たとえば、非上場企業や小規模企業株式における資本コストのプレミアムの取り扱い）も存在することを申し添えておく。

STEP 4　WACC（加重平均資本コスト）の計算

　最後に、これまでの作業を踏まえて、税引後の加重平均資本コスト（WACC）

を算出する。

　すでに述べた通り、エンタプライズDCF法においては、前章で求めた予測フリー・キャッシュフローを税引後WACCで割り引くことで、事業価値を求める。具体的には、目標資本構成、有利子負債の資本コスト、株主資本の資本コスト等を推定したうえで、第8章の式8-2を用いて、税引後WACCを算出する。まず、式8-2を再確認しておこう。

$$税引後 WACC = r_D \times (1-t_C) \times \frac{D}{D+E} + r_{E,L} \times \frac{E}{D+E} \quad (式8\text{-}2)$$

STEP 4 実例　モスフードサービスの税引後WACC

　それでは、STEP 1〜STEP 3の議論を踏まえて、モスフードサービスの税引後WACCを計算しよう。

　まず、r_D、$r_{E,L}$については、それぞれSTEP 2、STEP 3より、1.3%、3.49%を用いる。t_Cについては、長期的な法人税率水準として、前章の**図表11-3**を参照し、2019年3月期以降の実行法人税率30.62%を用いる。最後に、資本構成比率であるが、STEP 1で解説した通り、同社の余剰現預金が有利子負債残高を上回る（純有利子負債がマイナスである）ことを踏まえ、2017年3月末における、

$$\frac{D}{D+E} : -8.8\% \quad \frac{E}{D+E} : 108.8\%$$

を採用し、この数値が目標資本構成として長期にわたり維持されると仮定した。したがって、下記の結果が導かれる。

$$\begin{aligned}税引後 WACC &= 1.3\% \times (1-0.3062) \times (-0.088) + 3.49\% \times 1.088 \\ &= 3.72\%\end{aligned}$$

ちなみに、STEP 1 の資本構成のパートで議論した通り、一部の実務家が行っているように、

$$\frac{D}{D+E} : 0\% \quad \frac{E}{D+E} : 100\%$$

とすれば、WACC は株主資本コストと等しく 3.49％ となる。そのため本件では、純有利子負債がマイナスであることを資本構成に反映した結果、有利子負債をゼロとしたときよりも高めの税引後 WACC で、フリー・キャッシュフローが割り引かれることになる。

　以上、ここまでで継続価値を求めたうえで、予測フリー・キャッシュフローと税引後 WACC が求められた。次章では、実際にフリー・キャッシュフローを税引後 WACC で割り引いて、事業価値や企業価値を求める手順を説明しよう。

第13章

エンタプライズDCF法の実務

[STAGE 4]

継続価値と企業価値の算定

本章 STAGE 4 では、これまでの各ステージで得られた数値と、以下で説明する継続価値の現在価値を合算して、最終的に企業価値の算定を行う。

STAGE 2 では、将来の一定の期間について業績を予測したうえで、DCF 法により、企業価値を求める場合に必要な将来キャッシュフローを予測した。この業績予測期間以降を「存続期間」と呼び、存続期間に発生すると予測されるキャッシュフローの現在価値、すなわち「継続価値」は、単純な公式に基づいて算出されることを説明した。そして、存続期間のキャッシュフローの現在価値が簡単な公式で算出されるためには、存続期間における企業業績が、以下に示す特徴を持った安定期に入っている必要があることも指摘した。

1. 新規に投下される資産の利益率（RONIC: Return on Newly Invested Capital）が一定になる。
2. 企業全体の投下資産利益率（ROIC）が一定になる。
3. 企業は営業利益の一定割合を再投資し、一定の成長率で成長する。

詳細予測期間を十分に長く取っていれば、存続期間における企業の成長率は、長期的な経済の名目成長率とほぼ等しくなると考えるのが適切な場合が多いだろう。

本章では、継続価値を算定するために、実務上使われている代表的な公式を 2 種類説明するが、筆者はバリュー・ドライバー式を推奨する。これらの公式で求めた継続価値を現在価値に割り引いたものを、予測期間におけるフリー・キャッシュフローの現在価値と合算すると事業価値が求められ、最終的には事業価値を基に企業価値が求められる。この過程をさらに細かく、以下のような 4 つのステップに分けて行う。

STEP 1：継続価値算定の公式の選択
STEP 2：継続価値の公式における変数（パラメータ）の設定と
　　　　継続価値の算定

STEP 3：事業価値の算定
STEP 4：企業価値、および株主資本価値の算定

以下、これら各ステップにおいて、どのような点に留意して作業するかを説明したうえで、具体的なイメージを持ってもらうために、モスフードサービスの企業価値計算の実例を用いて、実際の手順を確認しよう。

STEP 1 継続価値算定の公式の選択

継続価値算定の公式として、本書が推奨するのは、バリュー・ドライバーを明示的に含んだ、以下のようなバリュー・ドライバー式である。

$$継続価値 = \frac{\text{NOPLAT}_{t+1} \times \left(1 - \frac{g}{\text{RONIC}}\right)}{\text{WACC} - g}$$

ただし、
NOPLAT_{t+1}：フリー・キャッシュフロー予測期間最終年の翌年の標準化したNOPLAT（みなし税引後営業利益）
g：NOPLATの長期（恒久）成長率
RONIC：新規投資（純増分）に対する投下資産利益率
WACC：加重平均資本コスト（STAGE 3で算出）

バリュー・ドライバー式においては、成長率、ROIC、加重平均資本コスト（WACC）といった、キー・バリュー・ドライバーが変数として明示的に含まれている。この式は、永続的に一定の成長率で成長するフリー・キャッシュフローをWACCで割り引いた際の現在価値の合計を、一括して計算するための公式である。この式は、3つの前提の下に導かれている。

1. 企業は存続期間において、一定の利益率を獲得し、資本回転率、既存資産の投下資産利益率は一定である。
2. 企業の売上と、みなし税引後営業利益（NOPLAT）は、一定の割合で増加する。NOPLATの一定割合は、毎年純増分の新規投資として既存の投資に上乗せされる。
3. すべての新規投資（純増分）の投下資産利益率（RONIC）は、一定である。

これ以外にも実務上は、予測期間最終年の標準化したフリー・キャッシュフローが、予測期間以降に一定の成長率で成長することを前提に、予測期間最終年の翌年のフリー・キャッシュフローから直接算定するモデルも多用されている。この場合、継続価値は以下のような式で計算される（以下、FCF式と呼ぶ）。

$$継続価値 = \frac{FCF_{t+1}}{WACC - g}$$

ただし、
g：フリー・キャッシュフロー（FCF）の長期（恒久）成長率

バリュー・ドライバー式とFCF式の関係を説明しよう。

バリュー・ドライバー式は、FCF式における予測期間最終年の翌年のフリー・キャッシュフローを直接計算するのではなく、予測最終期のNOPLATの一部を、永続的に一定の再投資比率で再投資（追加投資）し、その再投資が永続的にRONICの利益率で追加的にNOPLATを生み出すことでNOPLATが成長する、という前提の下、フリー・キャッシュフローを書き直したものである。具体的には、まず予測最終年の翌年（$t+1$年後）以降のNOPLATの再投資比率をiとすると、フリー・キャッシュフローは、NOPLATのうち、再投資されなかった結果として投資家に提供される部分なので、

$$\text{FCF} = \text{NOPLAT} \times (1 - i) \qquad \text{(式13-1)}$$

また再投資分は、RONICで運用されてNOPLATの成長をもたらすので、成長率との関係でいうと $g = i \times \text{RONIC}$、したがって、

$$i = \frac{g}{\text{RONIC}} \qquad \text{(式13-2)}$$

となり、式13-1に式13-2を代入することで、

$$\text{FCF} = \text{NOPLAT} \times \left(1 - \frac{g}{\text{RONIC}}\right)$$

となる。こうしてFCF式からバリュー・ドライバー式が導かれることがわかる。元々の計算式は同じであるが、バリュー・ドライバー式では、どちらかというと恣意的になりやすい継続価値計算の成長率（g）の源泉が、投下資産への追加的な投資（投資の上積み）にあることを明示的に示されている点が優れている。

実務においては、時として成長率の変化が継続価値や企業価値にどのような影響を与えるかをシミュレーションするが、この際、FCF式を用いて単純に計算すると、成長率に応じて必要となる再投資額が異なり、結果としてフリー・キャッシュフローも変化する、という事実を無視していることになる。この点において、バリュー・ドライバー式はFCF式と比較して、より客観的計算を可能にするように思われる。

FCF式、バリュー・ドライバー式、どちらの公式を用いるにしても、公式の分子に入力するNOPLATやFCFは、予測最終年の翌年（（$t+1$）年）のものを用いる。注意すべきは、これらの公式を用いて計算された値は、予測最終年（t年）における現在価値を示すということである。したがって、これらの公式の計算結果を現在価値に直すためには、さらにWACCを用いて t 年分割り引か

なければならない。すなわち、

$$継続価値の現在価値 = \frac{継続価値の公式で求められた値}{(1+\text{WACC})^t}$$

実務の現場では時折、継続価値の公式の分子に $(t+1)$ 年の値を用いていることに引きずられてか、公式で算定された値を $(1+\text{WACC})^{t+1}$ で割り引いている例があるが、これは明らかな誤りなので注意しよう。

これ以外にも、実務では、継続価値を計算する方法として、以下のようなものが用いられることもある。ただし、これらはあくまでも、バリュー・ドライバー式の数値水準の妥当性を検討するための参考値として用いられるものである。利用にあたっては、その限界を十分理解しておく必要がある。

1. 清算価値法

    予測期間最終期の予測貸借対照表上の資産を売却し、負債を返済して残った株主資本部分を継続価値とする方法である。この方法は、簿価ベースで清算価値を計算しており、必ずしも時価を反映していないことに加え、資産の時価と、その資産から生み出すキャッシュフローの現在価値が一致する保証もない。実際に予測期間の最終期に企業を清算することが予想されている場合（たとえば、一定期間限定で営業するイベントのために設立された企業）を除いて、この手法は、企業のキャッシュフローベースの収益性を正確に反映したものとはいえない。

2. 各種マルチプル法

    継続価値を算定する際、予測期間最終期における利益や、EBIT（Earnings Before Interest and Taxes：支払利息税引前利益[注1]）、EBITDA（Earnings Before Interest, Taxes, Depreciation and

---

[注1] 一般には営業利益と同一として扱われることが多いので、以下では単に営業利益と記述する。

Amortization：支払利息、税金、減価償却費、その他償却費控除前利益）、簿価純資産といった数値に対して、一定のマルチプル（乗数）をかけて継続価値を算定する方法である。実務では、すでに説明したFCF式やバリュー・ドライバー式によって計算される継続価値と、併用されることも少なくない。この手法は、予測最終年度に企業を他社に売却することを前提に、その売却金額を一定のマルチプル（乗数）で推定して一括計上する考え方とも捉えられる。

実務上、この乗数を求めるときには、評価時点での評価企業の所属業種における上場企業の株価を基に乗数を計算し、その平均を求めることが多い。しかしながら、評価時点での乗数と、予測期間最終期における乗数が一致する保証はない。実際、評価時点で高成長期にある企業の場合、乗数は評価時点をピークに徐々に低下するのが通常であり、その点を勘案せずにマルチプル法を適用すると、継続価値を過大評価する可能性が高いので、十分な注意を要する（マルチプル法の特徴や利用時の注意点については、次章で解説する）。

STEP 2　継続価値の公式における変数（パラメータ）の設定と継続価値の算定

継続価値算定の公式を利用する際に、決定しなければならないパラメータ（変数）として、バリュー・ドライバー式の場合、NOPLAT、RONIC、NOPLATの成長率、WACCがある。これらのパラメータは、将来予測を立てる作業との整合性を意識しつつ決定する。以下、具体的に説明していく。なお、WACCについては、予測期間、継続価値算定期間を通して一定の数値を用いることを前提にSTAGE 3で解説したので、ここでは繰り返さない。

1.　NOPLAT

ベースとなるNOPLATの水準については、標準化という作業を行った

後のNOPLATを使う。標準化とは、予測期間以降、長期的に維持可能なフリー・キャッシュフローの実態を見極めることである。具体的には、長期的に維持可能な営業費用の水準や税率を推定することである。特に、営業費用の中に含まれている、営業用資産の減価償却費部分についてであるが、継続価値算定期間の成長率は一般に、予測期間の成長率よりも低い成長率を用いる場合が多い。その場合、継続期間における新規投資、およびその結果としての減価償却費は、予測期間内のものよりも少なくなることが予想されるため、それを反映したNOPLAT予測を立てる必要がある。また、シリコン・サイクルで知られる半導体製造業のように、売上に周期性のある企業においては、予測期間の最終年度が、たまたまビジネス・サイクルのピークであったり、あるいはボトムであったりする可能性があり、その数字をそのまま継続価値の算定に用いると、継続価値が過大評価されたり、過小評価されたりする可能性がある。したがって、継続価値計算に用いるNOPLATは、売上のビジネス・サイクルのピークとボトムの中間点となるように標準化する必要がある。

2. RONIC（新規投資分のROIC）

予測期間後の新規投資分のROIC（RONIC）を求める際には、予測期間内の各年度におけるROICやRONICを参考に、予測期間終了後、未来永劫を展望して、平均的に達成可能なRONICの水準を決定する。なお、RONIC＜WACCの場合、原則的には、経営者はそのような新規投資をしないはずなので、RONIC≧WACCの関係が成り立つ。超長期的に見れば、企業の新規投資機会の収益率は、投資リスクに対して投資家が期待した収益率並み、すなわち、RONIC＝WACCとなる可能性が高いが、高いブランド力を持つ高級品メーカーや、不断の新薬開発により高収益を維持する製薬業のように、長期的にWACCを超えるRONICを維持しているケースもある。いずれにせよ、長期的にRONIC＞WACCを仮定するのであれば、他社に比して競争力を維持できると考える理由を明らかにすべきである。

3. NOPLAT の成長率

　　成長率については、経済全体の長期名目成長率予測（日本企業でその営業基盤が日本国内の場合は、日本経済の長期名目成長率予測）を上回る数字を用いることは非現実的である。なぜならば、そのような状況が超長期にわたって継続すると、その企業はいつの日か、経済全体の合計を上回る企業規模を持つようになってしまうからである。また前述のように、バリュー・ドライバー式は、予測最終期の NOPLAT の一部を、永続的に一定の再投資比率で再投資する、という前提で予測するモデルであるため、成長率と RONIC から逆算される再投資比率（i）を見て、評価対象企業の長期的イメージとの間で整合性があるかどうかを確認する必要がある。

　これらの点に留意して、継続価値を計算する公式と、それに適用する諸変数が決まったら、実際に継続価値を算定する。また必要に応じて、すでに述べた FCF 法、清算価値法、各種マルチプル法などを参考にすることにより、算定結果の妥当性をチェックする。

STEP 3　事業価値の算定

　予測期間のフリー・キャッシュフローの現在価値の合計と、継続価値の現在価値を合算したものが、評価対象企業から将来発生するすべてのフリー・キャッシュフローの現在価値の総和、すなわち事業価値となる。なお、繰り返しになるが、FCF 式、バリュー・ドライバー式、どちらの公式を用いるにしても、公式の分子に入力する NOPLAT や FCF は、予測最終年の翌年（（$t+1$）年）のものを用い、これらの公式を用いて計算された値の現在価値を計算する際には、さらに WACC を用いて t 年分割り引かなければならない。

STEP 4　企業価値、および株主資本価値の算定

　上記で算定した事業価値に、非事業用資産の時価を加えて、企業価値とする。非事業用資産とは、事業価値の算定のもとになるフリー・キャッシュフローを生み出すために必要でない資産である。たとえば、余剰現預金、余剰投資有価証券、遊休資産などが該当する。

　日本企業の場合、そもそも持合株式としての投資有価証券や、企業保有の遊休資産が多いため、この取り扱いは、企業価値に大きな影響を与えることがある。持合株式としての投資有価証券については、これを事業用資産とするか、非事業用資産とするか悩ましいところである。持合株式が事業上の取引を継続的に獲得するために不可欠なものであれば事業用資産であるが、単に付き合いで持ち合ったという場合は非事業用資産である。

　現実には、このようにはっきりと線引きができるケースは必ずしも多くはない。そのため、ある程度、主観的判断が加わるのはやむを得ないかもしれないが、その場合でも、評価結果を利用する人たちが納得できる理論構成は必要だろう。

　なお、企業価値から株主資本の価値を求めるときには、有利子負債（株絡み社債、リース債務、退職給付債務を含む）の時価、非支配株主持分を差し引くことによって、株主資本の理論価格が求められる。

STEP 4 実例　モスフードサービスの事業価値、企業価値、株主資本価値

　以上、ここまで説明してきた4つのステップに基づいて、実際にモスフードサービスの事業価値を求めた（STEP 3までの手順を説明した）シートが**図表13-1**、その後、非事業用資産を加えて、企業価値、株主資本価値を求めたのが**図表13-2**である。

　図表13-1について、同社の予測フリー・キャッシュフローは、**図表11-7**の数値をそのまま入力している。また、第12章で求めた税引後WACCである3.72％を、フリー・キャッシュフローの割引率として用いた。継続価値の算定は、

図表 13-1 モスフードサービスの事業価値

（株）モスフードサービス　DCF による事業価値評価

	WACC	3.72%
	RONIC	5.00%
	g	0.20%

	FCF （単位：百万円）	ディスカウント・ ファクター	FCF の現在価値 （単位：百万円）
2018/03	2,548	0.9641	2,456
2019/03	2,611	0.9296	2,427
2020/03	2,626	0.8962	2,354
2021/03	2,634	0.8641	2,276
2022/03	2,642	0.8331	2,201
2023/03	2,649	0.8032	2,128
2024/03	2,657	0.7744	2,057
継続価値	73,395	0.7744	56,837
事業価値	72,735		
期中調整	1.0184		
事業価値	74,076		

図表 13-2 モスフードサービス企業価値、および株主資本価値

（株）モスフードサービス　企業価値と株主資本価値　　（単位：百万円）

事業価値	74,076
余剰現預金	11,185
投資等	28,280
企業価値	**113,541**

長短借入金・リース債務計	2,590
退職給付債務	394
非支配株主持分	171
株主価値	110,386
直近の発行済株式数（除自己株式）	31,202,280
1株当たり価値	**3,538**

バリュー・ドライバー式を用いて行い、成長率（g）は予測最終年度よりも若干引き下げて0.20％とした。RONICについては、計算すると予測最終年度においても20％超であるが、未来永劫にわたっての追加投資の収益率ということで、WACCを若干上回る5％と仮定した。なお、このRONICを変動（0％～20％）させても、本件においては、事業価値に大きな影響は与えないことを確認している[注2]。

図表13-1の期中調整は、フリー・キャッシュフローの発生時期が、平均的に見れば、期末というよりは決算期の中間（第2四半期末）という考え方に基づき、半年分割り引きすぎとなっている部分を戻すための調整である。計算式としては、$\sqrt{1+税引後WACC}$で求めた値を用いている。

以上より、事業価値は、74,076百万円と計算されている。

最後に、図表13-2においては、図表13-1で求められた事業価値に、非事業用資産とみなした余剰現預金と投資等の2017年3月期末における残高を加えて、企業価値を求めている。そこから有利子負債項目（長短借入金・リース債務計、退職給付債務）の残高、および非支配株主持分の残高を差し引いて、株主価値の理論価値が110,386百万円と求められる。これを2017年3月時点での自己株式を除く発行済株式数で割ると、1株当たりの理論価値が3,538円と求められる。

なお、2016年1月～2017年6月における、実際のモスフードサービスの株価の推移は、図表13-3に示した通りである。2017年6月末時点での株価は3,455円なので、計算された理論株価と実際の株価がほぼ等しい水準にあることが確認できる。

以上、第10章から本章まで、実務編としてエンタプライズDCF法の詳細な手順を、STAGE 1～4の4ステージに分けて説明してきた。

[注2] これは、恒久成長率（g）が低い場合、追加投資（再投資）の比率も低いため、その追加投資の収益率の与える影響も小さいためである。

図表13-3 モスフードサービスの株価（2016年1月〜2017年6月）

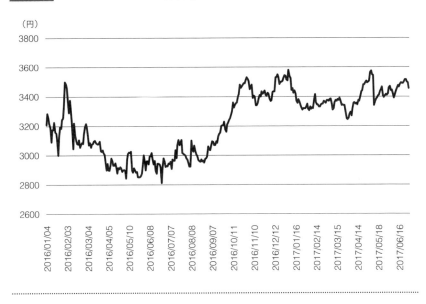

　STAGE 1では、評価対象企業の過去の業績を分析するために、STEP 1〜5の5つのステップによって、財務諸表の再構成、投下資産とNOPLATの計算、それらからのフリー・キャッシュフローの計算、さらにROICの要素分析と過去業績の詳細な分析と最終評価を行った。

　STAGE 2では、エンタプライズDCF法の重要項目である、将来フリー・キャッシュフローの予測について、STAGE 1で行った過去の業績分析を踏まえ、STEP 1〜5の5つのステップを通じて、実際の流れを説明した。具体的には、将来予測の期間と詳細を検討したのち、戦略的見通しを立案し、その見通しを業績予測へ転換したうえで、予測フリー・キャッシュフローの算定を行う。最終的には、適宜複数業績予測シナリオの作成や、戦略的見通しとの一貫性・整合性のチェックを行うことも説明した。

　STAGE 3では、エンタプライズDCF法のもう1つの重要項目である、資本コストの推定について、STEP 1〜4の4つのステップで説明した。そこでは、ま

ず評価対象企業の資本構成を推定し、有利子負債と普通株式の資本コストを推定する。そして、それらを総合して、実際にエンタプライズDCF法の割引率として用いられる、WACC（加重平均資本コスト）を推定した。

本章STAGE 4では、STAGE 1～3で得られた数値と、継続価値の現在価値を合算して、最終的に企業価値の算定を行う手順について、STEP 1～4の4つのステップに分けて説明した。そこでは、まず継続価値算定の公式を選択し、その公式における変数（パラメータ）を設定して、継続価値を計算したうえで、STAGE 2で算定した予測フリー・キャッシュフローの現在価値と合算して、事業価値を算定すること。さらに、非事業用資産の残高を加算して企業価値を求め、最終的には有利子負債の残高を差し引いて、株主資本価値を算定することを説明した。

エンタプライズDCF法の詳細な手順の説明は、これで終わりだが、実務の現場においては、エンタプライズDCF法によって計算された理論的な企業価値や株式価値を、同業で上場されている企業や株式の市場における価値と比較して、水準が合致しているかをチェックするのが通常である。この際に用いられるのが、マルチプル（倍率）法と呼ばれる企業価値計算手法である。この点は本章STEP 1でも簡単に触れたが、次章では、その特徴や、利用する際の留意点についてより詳細に説明することとしたい。

第14章

マルチプル（倍率）法の実務
エンタプライズDCF法との併用

第2部ではこれまで、エンタプライズDCF法の詳細な手順を説明してきた。

エンタプライズDCF法における価値は、評価対象企業の業績予測次第で大きく変化する。企業買収の実務などでは、最初から買手や売手が希望している株式価値に合わせて、業績予測を調整するという行為も珍しくはない。そのため、実務の現場においては、エンタプライズDCF法によって計算された理論的な企業価値や株式価値を、同業で上場されている企業や株式市場における価値と比較して、その水準が合致しているかをチェックするのが通常である。

このような中、計算結果の妥当性や市場の評価とのギャップがないかを確認する際に用いられるのが、マルチプル（倍率）法と呼ばれる企業価値計算手法である。本章では、その特徴や実務で利用する際の留意点について、より詳細に説明する。

14-1 マルチプル法の特徴と計算方法

マルチプル（倍率）法という名称は、たとえば、上場企業の企業価値や株式価値が、その企業の業績（営業利益や当期純利益）や資産規模を示す数値（簿価純資産）の何倍になっているかを計算し、その数値を同業企業数社で平均したものを基準に、評価対象企業の企業価値や株式価値を計算しようとすることに由来する。このように上場企業の株価を用いるマルチプル法は、類似会社比較法と呼ばれることもある[注1]。

マルチプル法がより有効なのは、評価対象企業が、株価の存在しない非上場企業の場合である。このとき、同業で上場している企業の直近における株価や

[注1] 上場企業の株価を用いる以外に、類似の企業の買収価格を基準にして、企業価値を求めるマルチプル法も実務では用いられることがある。このようなマルチプル法を「トランザクション・マルチプル法」、もしくは「取引事例法」という。一般には、同業の上場企業に比べると、同業の企業の買収事例が存在する可能性は低いため、この手法が利用される頻度は高くない。

企業買収の取引金額を参考に、企業や株式の価値を推計することになる。評価対象企業が上場企業の場合にもマルチプル法を用いることはできるが、上場企業の場合、その企業自体の株価から時価総額や株式価値を計算できるため、評価対象企業の株価が他社に比べて妥当か、極端に割安や割高ではないかをチェックする意味合いで用いられることが多い。

マルチプル法には、大きく分けて企業価値（EV: Enterprise Value。エンタプライズ・バリュー）を基準に算定する方法と、株式時価総額を基準に算定する方法の2つがある。

まず、企業価値（EV）を基準にする場合であるが、企業の営業利益（EBIT）や、営業利益＋減価償却費＋無形固定資産償却費（EBITDA）を分母にして、倍率を計算するケースが多い[注2]。前者を EV/EBIT マルチプル、後者を EV/EBITDA マルチプルと呼ぶ[注3]。後者の株式時価総額を基準にしたマルチプルの代表的なものとしては、時価総額を税引後当期純利益で割って計算される PER（Price Earnings Ratio：株価収益率）や、自己資本の残高（貸借対照表の純資産の部から非支配株主持分等を控除したもの）で割って計算される PBR（Price to Book Ratio：株価純資産倍率）がある[注4]。

これらの指標のうち、特に PER は、主として株式投資をする投資家の間で、株価の割安・割高の目安として広く用いられている。その際、類似の事業を行っている企業同士であっても、資本構成（有利子負債と株主資本の構成比）によっ

[注2] EBIT については、複数の計算方法が存在する。たとえば、日本経済新聞社のデータベースでは、経常利益に支払利息・割引料を加算したものを EBIT としている。営業外収益や費用をどこまで EBIT に含めるかの問題であるが、本書ではシンプルに、営業利益を EBIT、それに有形固定資産や無形固定資産の償却費を加算したものを EBITDA と定義し、以下計算例を示している。

[注3] これら以外に、企業の営業利益＋無形固定資産償却費を用いる EV/EBITA マルチプルや、企業の売上高を用いる EV/Sales マルチプルが用いられることがある。

[注4] PER や PBR は、株価をそれぞれ1株当たり税引後利益（EPS: Earnings Per Share）や1株当たり純資産（BPS: Book-value Per Share）で割ったものと説明されることが多いが、分母と分子に発行済株式総数をかけた数値を考えれば、この計算でも同等の答が得られる。

マルチプル（倍率）法の実務―エンタプライズDCF法との併用 | 第14章

て、その水準は大きな影響を受ける（負債比率が上がると PER も上昇する）ことが知られている。また、税引後純利益は、マイナスになることが少なくない。マルチプルの計算は、分母がマイナスの場合、解釈が困難であり、一般的には計算結果を利用できない。

こうしたことから、筆者の私見としては、資本構成の影響を受けにくく、分母がマイナスになるケースがより少ない EV/EBIT マルチプルや、EV/EBITDA マルチプルの利用を推奨したい。なお、この２つの指標の違いや特徴などについては後述する。

EBIT、EBITDA、税引後当期純利益等の数値は、直近の決算期の実績値を用いるか、翌期の予想値を用いるのが一般的である。一般論でいえば、株価が、過去の実績というよりも、将来の業績予想を反映して形成されることを考えると、可能な限り予想値を用いることが望ましい。一方で、実績値は、財務諸表から計算される決算書項目が詳細に開示されているのに比べて、予想値については、売上高、営業利益、経常利益、当期純利益程度の情報しか開示されていないため、たとえば EBITDA のように、一定の仮定を置かないと予想値が計算できないものも存在する。この点については、以下の具体例で予想値の計算方法を説明する。

それでは、比較対象とされる類似業種の上場企業の企業価値（EV）は、どのように計算されるのだろうか。一般には、株式時価総額＋有利子負債＋非支配株主持分（以前は「少数株主持分」と呼ばれていた）が EV とされるケースが多い。このとき、有利子負債に何を含めるかが問題となる。実務上は、有利子負債について、現金同等物（現預金および有価証券）を控除した純有利子負債残高を用いるケースと、現金同等物を控除しない総有利子負債残高を用いるケースがある。これまでのエンタプライズ DCF 法における議論に則って考えれば、総有利子負債額から、非事業用の（余剰）現預金と有価証券を控除したものを減算した「調整後純有利子負債残高」を用いるべきである。これは、スーパーやコンビニのレジの現金に代表される事業用の現預金は、企業が残高をゼロにする（有利子負債と完全に相殺して負債の返済に充当する）ことは不可能だか

らである。

　ただ、すでにDCF法の解説で述べたように、事業用の現預金の妥当な残高水準は業態ごとに異なり、推定が容易ではないことから、実務上は使い勝手がよいとはいえない。したがって、次善の策として、現金同等物の全額を非事業用とみなす単純な純有利子負債残高を用いるのが、大半のケースでは現実的な落としどころだろうと筆者は考える。

　非支配株主持分については、実務上は加算されていないケースも散見される。ただ理論上は、市場株価から算定される時価総額は、非支配株主持分を含まない金額と考えられる一方で、連結損益計算書上の営業利益から算定されるEBITやEBITDAには、非支配株主に帰属する利益も含まれているので、整合性を取るためには、非支配株主持分を加算して求めた企業価値（EV）を用いるべきであろう[注5]。なお、非支配株主持分は、上場している連結子会社があれば、その連結子会社の時価総額を用いて時価に補正することが望ましいが、それ以外の場合は、連結財務諸表上の少数株主持分をそのまま用いるのが通常であろう。

14-2 マルチプル法計算の実例

　ここでは、モスフードサービス、および同業の上場企業について、2017年6月末の株価とその時点で入手可能な財務実績や予想を基に、もっとも頻繁に用いられるEV/EBIT、EV/EBITDA、PERの各マルチプルを計算した。その結

[注5] このことは、エンタプライズDCF法において、フリー・キャッシュフローの現在価値の総和である事業価値に、非事業用資産を加算したものを企業価値とし、そこから有利子負債と非支配株主持分を控除したものが、株主資本の価値と計算されたことを思い出すとわかりやすい。マルチプル法では、市場株価から計算された時価総額を株主資本の価値とみなすので、企業価値を求めるためには、それに有利子負債と非支配株主持分を足し戻すことになる。

図表14-1 モスフードサービスと同業他社のマルチプル計算例（2017年6月末）

企業名	決算期	EBIT	EBITDA	税引後当期純利益	2017/6末株価	2017/6末時価総額
モスフードサービス	2017/3 実績	4,663	6,559	3,050	3,455	106,506
	2018/3 予想	3,700	5,596	2,300		
日本マクドナルドホールディングス	2016/12 実績	6,930	16,124	5,366	4,310	573,054
	2017/12 予想	15,000	24,194	14,500		
フジタコーポレーション	2017/3 実績	−33	134	−194	840	1,215
	2018/3 予想	94	261	19		
日本KFCホールディングス	2017/3 実績	2,558	5,305	1,365	1,994	44,714
	2018/3 予想	1,200	3,947	1,500		

果を示したのが、**図表14-1**である。

　モスフードサービスを事例に、計算過程を確認しておこう。

　まず、比率計算の際の分母となる各数値については、マルチプルを計算する時点において、直近となる決算期の数値（実績値）、もしくは次の決算期の数値の予想値を利用する。日本では、上場企業のほとんどが、決算短信等に次の決算期の売上高、営業利益、経常利益、当期純利益等の予想値を公表しているので、それを用いるのが一般的である。

　図表14-1において、モスフードサービスの2017年3月期の営業利益（本書では、これをEBITの実績値とする）は、4,663百万円である。また減価償却費を加算したEBITDA、税引後当期純利益は、それぞれ6,559百万円、3,050百万円である。一方、同社が2017年6月時点で発表している2018年3月期の営業利益予想は3,700百万円、税引後当期純利益の予想は2,300百万円である。EBITDAの予想は公表されていないが、ここでは2017年3月期の減価償却費の実績値がそのまま継続すると仮定して、営業利益の予想値に加算し、

単位：百万円（マルチプル部分以外）

有利子負債 直近期末残高	現金等価物 直近期末残高	非支配 株主持分	2017/6末 EV	2017/6末 EV/EBIT	2017/6末 EV/EBITDA	2017/6末 PER
2,316	12,603	171	96,390	20.7 26.1	14.7 17.2	34.9 46.3
23,125	21,244	214	575,149	83.0 38.3	35.7 23.8	106.8 39.5
3,031	467	0	3,779	#N/A 40.2	28.2 14.5	#N/A 63.9
80	14,571	0	30,223	11.8 25.2	5.7 7.7	32.8 29.8

5,596百万円と計算している。

　次に、マルチプル計算の際の分子となる、株式時価総額やEVの計算についてである。これは、マルチプルを計算する時点での株価から算出した、株式時価総額が基準となる。

　ここでは、株式時価総額の計算は、株価×（発行済株式総数－自己株式数）とした[注6]。モスフードサービスの2017年3月期末の発行済株式総数は3,201万株、自己株式数118.3百万株控除後の株式総数は3,082.7百万株なので、2017年6月末の株価3,455円をかけて、株式時価総額は106,506百万円と計算される。EVは、この株式時価総額に2017年3月期末の有利子負債残高2,316百万円と、非支配株主持分171百万円を加算し、現金等価物残高

[注6] 実務上は、株式時価総額＝株価×発行済株式総数とする考え方が用いられるケースもあるが、ここでは自己株式は消却可能な自己資本と考え、時価総額からは除外している。

12,603百万円を減算して求められ、96,390百万円と計算される[注7]。

以上で、マルチプル計算に必要なデータは揃った。実際に各マルチプルを計算すると、EV/EBIT、EV/EBITDA、PERマルチプルは、2017年3月期実績ベースで、それぞれ20.7倍、14.7倍、34.9倍、2018年3月期の予測ベースで、それぞれ26.1倍、17.2倍、46.3倍と計算される。

14-3 マルチプル法利用上の留意点

図表14-1においては、同業他社である、日本マクドナルドホールディングス、フジタコーポレーション、日本KFCホールディングスについても、同様の計算を実施している。この事例から、マルチプルを利用する際の、いくつかの留意点を述べておきたい。

第1に、フジタコーポレーションの実績値のように、営業利益も税引後当期純利益も赤字の場合、これらを分母とするマルチプルは利用できないということである。1990年代末のITバブルの頃には、EBITどころかEBITDAすらマイナスの企業が多数上場していたため、売上高マルチプルが用いられることもあった。しかし、売上高を基準に企業価値を算定するという手法は、極めて問題が大きく[注8]、このような状況下では、マルチプル自体が、企業価値の推定方法として有効性を持っていないと考えるべきであろう。

また、仮に分母となる利益の数値がプラスであったとしても、その数値がかろうじてプラスになったようなゼロに近い数値の場合、マルチプルが過大な数値に計算されることにも注意を要する。たとえば、図表14-1でいえば、日本マクドナ

[注7] 仮に、営業用現金を売上高の2％として控除した場合、非事業用の現金等価物は11,184百万円となり、営業用現金考慮後のEVは97,637百万円と計算される。
[注8] 売上高マルチプルを用いるということは、赤字続きの企業も、利益を大きく上げている企業も、同じ売上高ならば同じ企業価値を持つという前提を置くことになり、明らかに合理性が乏しい。

ルドホールディングスの実績値ベースの EV/EBIT マルチプル（83.0倍）、PER マルチプル（106.8倍）などが、これに該当する。このような「異常値」については、業界平均のマルチプルを計算するうえでは排除すべきである。ただし、どの程度を「異常値」として排除するかは、ケースバイケースであり、恣意性が入る可能性は否定できない。

　第2に、**図表14-1**の数値を見ると、実績ベースの数値のほうが、ばらつきが大きいことがわかる。経営不振から急速に業績回復しつつある日本マクドナルドホールディングスや、業績が頭打ちになっている日本 KFC ホールディングスのような場合、特に実績ベースと予想ベースのマルチプルの差が大きくなっている。このように業績変化は、株価が先に織り込むことを勘案すると、マルチプルには予想数値を用いるべきということがわかるだろう。

　ただ、仮に予想数値を用いた場合でも、**図表14-1**における業種間のマルチプルのばらつきは少なくない。こうした場合、どのような値を「業界の平均的」マルチプルとするかについては、評価者の判断に委ねざるをえない。場合によっては外食産業全体に比較対象上場企業を拡げるなどして、より説得的な数値を得る工夫が求められる。

　最後に、**図表14-1**に掲げた企業が所属する業種の特徴として、EBIT に対して減価償却費の比率が大きい（店舗関連の設備投資が大きい）ために、EV/EBIT と EV/EBITDA の差が大きくなっていることが挙げられる。このようなケースでは、どちらのマルチプルを用いるべきかの判断が求められることがある。

　EV/EBIT マルチプルと EV/EBITDA マルチプルのどちらが、企業価値の指標としてより有効なのかについて、筆者は、その優劣を論じること自体にはあまり意味がないと考えている。むしろ、EBIT、EBITDA、それぞれがどのような特性を持ち、どのような場合により的確にキャッシュフローを反映するかを理解したうえで、双方を併用すべきだろう。

　図表14-1の事例のように、毎年一定の設備更新が必要となるような、投資のサイクルが早い企業においては、EBITDA は、実際の企業のキャッシュフローよりも大きく見積もられる傾向がある。それは、EBITDA の計算上、減価償却

図表14-2　EBIT、EBITDA、税引前キャッシュフローの関係の解説事例

(単位：百万円)

A社（耐用年数1年：定額法・投資額20）

年	1	2	3	4	5	6	7	…
売上高	100	100	100	100	100	100	100	
減価償却費以外の原価・費用	50	50	50	50	50	50	50	
新規投資	20	20	20	20	20	20	20	
減価償却費	20	20	20	20	20	20	20	
営業利益（EBIT）	30	30	30	30	30	30	30	
EBITDA	50	50	50	50	50	50	50	
キャッシュフロー	30	30	30	30	30	30	30	

B社（耐用年数5年：定額法・投資額100）

年	1	2	3	4	5	6	7	…
売上高	100	100	100	100	100	100	100	
減価償却費以外の原価・費用	50	50	50	50	50	50	50	
新規投資	100					100		
減価償却費	20	20	20	20	20	20	20	
営業利益（EBIT）	30	30	30	30	30	30	30	
EBITDA	50	50	50	50	50	50	50	
キャッシュフロー	−50	50	50	50	50	−50	50	

C社（耐用年数5年：定率法・投資額100）

年	1	2	3	4	5	6	7	…
売上高	100	100	100	100	100	100	100	
減価償却費以外の原価・費用	50	50	50	50	50	50	50	
新規投資	100					100		
減価償却費	40	24	14.4	10.8	10.8	40	24	
営業利益（EBIT）	10	26	35.6	39.2	39.2	10	26	
EBITDA	50	50	50	50	50	50	50	
キャッシュフロー	−50	50	50	50	50	−50	50	

D社（耐用年数5年：定額法・投資額150）

年	1	2	3	4	5	6	7	…
売上高	100	100	100	100	100	100	100	
減価償却費以外の原価・費用	50	50	50	50	50	50	50	
新規投資	150					150		
減価償却費	30	30	30	30	30	30	30	
営業利益（EBIT）	20	20	20	20	20	20	20	
EBITDA	50	50	50	50	50	50	50	
キャッシュフロー	−100	50	50	50	50	−100	50	

費は「実際にキャッシュフローの流出を伴わない費用」として加算される一方で、新規に同じ年度に発生したキャッシュフローの流出額は、EBITDAには直接反映されないからである。

ここで、EBIT、EBITDA、実際の企業のキャッシュフローの関係性を理解するために、図表14-2では、4種類の企業を仮定する。これら4社は、すべて同じ売上高（100百万円）で、減価償却費を除く原価や費用は同額（50百万円）である。

企業Aは、耐用年数1年の資産を用いて事業を行っており、毎年度期初に20百万円の投資を行っている[注9]。企業BとCは、5年ごとの期初に、耐用年数5年の資産に投資して事業を行っており5年ごとに100百万円の設備更新が発生する。企業Bは定額法、企業Cは（日本の税法で認められた）定率法で減価償却を行っている。企業Dは、企業BやCと同様に、5年ごとの期初に耐用年数5年の資産に投資して事業を行っているが、5年ごとの設備更新額は1.5倍の150百万円で、定額法で減価償却を行っている。

図表14-2では、それぞれの企業について、営業利益（ここではEBITとする）、EBITDA、実際の税引前キャッシュフローを7年後まで示している。

まず、企業Aについてであるが、設備投資と毎年の減価償却費とほぼ同額を、設備更新や新規の設備投資に充当しているので、毎年のEBITは実際の税引前の同社のキャッシュフロー（毎年30百万円）と完全に一致している。これに対して、EBITDAは、減価償却費を足し戻す一方で、新規の投資額を控除しないため、実際のキャッシュフローに比べて過大計上される。

それでは、5年ごとに大規模な投資が発生し、その後4年間は投資が発生しないという想定の企業Bや企業Cについては、どうだろうか。この場合、EBITは、償却方法が異なる企業Bと企業Cでは、年度ごとの数値がかなりの金額で乖離するうえに、実際のキャッシュフローとは合致しない数値を毎年示

[注9] 実際には、耐用年数1年の資産に投資する場合、投資した年度に全額費用計上するのと同じであるが、ここでは説明のためにこのような投資を仮定した。

している。また、定率法で償却している企業Cでは、投資の発生しない年度においても、償却額の変化に応じてEBITが変化する。一方、EBITDAは、減価償却方法に関係なく、全期間同一（50百万円）であり、5年ごとの設備更新年度以外の期間には、税引前キャッシュフローの額と一致した値を示す。

　このように見ると、減価償却方法の影響を受けないEBITDAは、企業価値の評価に有効なように思える。しかしながら、EBITDAには設備更新のキャッシュフローは勘案されないため、設備更新年度においては、実際のキャッシュフロー（－50百万円）に比べて、設備更新の投資額分だけ過大な数値を示す。また、企業Bと企業Dを比較すれば明らかなように、実際の投資額が大きく異なっていて、投下資産に対する利益率（ROIC）が異なる企業であっても、EBITDAはまったく同じ額（50百万円）を示している。

　ここからわかることは、まず、長期のサイクルで大規模な設備更新を行う企業の場合、EV/EBITマルチプルを用いると、同業でも大規模投資直後の企業と、そうでない企業の間での一律の比較は難しくなるため、EV/EBITDAマルチプルを用いるほうが適切な可能性があるということだ。他方で、EBITDAは、事業における投下資産の必要額を反映しないため、同じ業界内であっても、この投下資産の利益率が大きく異なる企業間では、EV/EBITDAマルチプルを比較すること自体が困難になるということである。実際、**図表14-1**のモスフードサービス等の事例で示したファストフードの場合、間隔を置いて大規模投資をするというよりは、毎年一定の設備更新を行い、その投資の利益率が企業価値に重要な影響を与える業種と考えられるため、EV/EBITマルチプルを用いたほうが適切な印象がある。

　以上のように、EV/EBITマルチプル、EV/EBITDAマルチプルには、それぞれの特性があり、利用する際には、それらを理解しておくことが望ましい。いずれにしても、どちらか1つのマルチプルのみを用いて企業評価を行う必要はなく、複数の指標を併用して考えればよいだろう。

14-4 マルチプル法とエンタプライズDCF法の関係

ここまで、マルチプル法の実際の計算方法と特徴、その利用における注意点を説明してきた。

本章の冒頭で、マルチプル法は、エンタプライズDCF法によって算定された企業価値の妥当性や、市場の評価とのギャップの有無を確認するために用いられることを述べた。それでは、マルチプル法によって計算される企業価値と、エンタプライズDCF法によって計算される企業価値との間には、理論的にどのような関係があるのだろうか。以降では、どちらも企業価値（EV）を算定するための手法であるEV/EBITマルチプルと、エンタプライズDCF法の理論的な関係を確認しておこう。

すでに見てきたように、エンタプライズDCF法における企業価値は、フリー・キャッシュフローを税引後WACCで割り引くことで計算される。このフリー・キャッシュフローは、NOPLAT（みなし税引後営業利益）から投下資産に対する純投資額を差し引くことで求められる。

いま、投下資産に対する純投資額がゼロ（現状の投下資産の残高を維持）、営業利益の成長率もゼロ（投下資産残高は現状維持、営業利益も現状のまま）が将来永久に継続する状況を仮定して、エンタプライズDCF法で事業価値を求めよう。フリー・キャッシュフローはNOPLATと等しいため、

$$事業価値(EV) = \frac{FCF}{WACC} = \frac{NOPLAT}{WACC} = \frac{EBIT \times (1-法人税率)}{WACC}$$

この場合、EV/EBITマルチプルは、

$$\frac{EV}{EBIT} = \frac{1-法人税率}{WACC}$$

仮に WACC が 4％、法人税率が 30％とすると、EV/EBIT マルチプルは、17.5 倍と計算される。

以上は、ごく簡単なエンタプライズ DCF 法と EV/EBIT マルチプルの関係式である。ゼロ成長ではなく、1年後のフリー・キャッシュフローが恒久成長率 g で成長すると仮定すると、計算はより複雑になる。

具体的には、第 13 章で説明したバリュー・ドライバー式を用いて、

$$事業価値(EV) = \frac{FCF}{WACC - g} = \frac{NOPLAT \times \left(1 - \frac{g}{RONIC}\right)}{WACC - g}$$

$$= \frac{EBIT \times (1-法人税率) \times \left(1 - \frac{g}{RONIC}\right)}{WACC - g}$$

ここから、

$$\frac{EV}{EBIT} = \frac{(1-法人税率) \times \left(1 - \frac{g}{RONIC}\right)}{WACC - g}$$

と計算されることになる。

この場合は、成長のために必要とされる追加純投資の利益率（RONIC）と成長率の関係で、EV/EBIT マルチプルが決定される。仮に WACC が 4％、法人税率が 30％、恒久成長率が 1％、RONIC が 5％とすると、EV/EBIT マルチプルは 18.7 倍と計算される。なお、このような場合においては、前 14-3 節で説明したように、減価償却費によって EBIT が一時的に過小、もしくは過大に計上されていることを勘案し、そうした変動を平準化した EBIT を用いなければ、正しいマルチプルが得られないことにも注意しよう。

あとがき

　マッキンゼー・アンド・カンパニーによる『企業価値評価』の初版が米国で発売されたのは、1990年である。将来発生するフリー・キャッシュフローを基に企業価値や株式価値を算定するエンタプライズ DCF 法は、企業価値評価分野における標準手法としての地位を確立した。また日本においても、M&A 市場の隆盛とともに、DCF 法の実務は定着していった。手前味噌ではあるが、筆者が2004年に刊行した『企業価値評価【実践編】』（ダイヤモンド社）も、日本でエンタプライズ DCF 法の手順を広く周知させることに貢献したと考えている。

　本書は、企業価値評価の実務を初めて学ぼうという読者を念頭に、実務を行ううえで理解しておくべきファイナンス理論（第1部）と、実際の実務の流れ（第2部）を集約した。同時に第2部には、『企業価値評価【実践編】』出版以降における、日本の会計基準の変更を反映し、より現在の財務諸表に即した企業価値評価モデルの作成手順を示しており、同書をアップデートする役割も果たしている。

　エンタプライズ DCF 法による企業価値評価は、日本でもすっかり一般的になったが、実務家が作成した企業価値評価算定書に目を通すと、そこで用いられている数値や手法、特に資本コストの計算に関しては、首をかしげたくなるような例もまだまだ存在する。そのような算定書においては、評価者の理論に対する理解が不十分なためか、あるいは自分たちに都合のよい算定結果を導くためなのか、その場限りの判断で数値をつまみ食いした結果、算定書全体を通じた理論的整合性が失われてしまっている。

　本書の第1部に理論編を配置しようと考えたのは、初学者にこうした理論をきちんと理解してもらうのはもちろんのこと、企業価値の実務に携わっている人たちにも、その理論的背景を再確認してもらいたかったという想いがある。もとより、コーポレート・ファイナンス理論の中で企業価値に関する部分のみにフォーカスしたため、他のコーポレート・ファイナンス理論の標準的教科書に比べれば、不

十分であることは否めない（たとえば、株主還元政策〔配当政策〕に触れていない）。したがって、本書をきっかけにさらに詳しく理論を学びたい読者には、より内容が豊富な（そしてページ数の多い）教科書で、きちんと勉強することを推奨したい。

また、本書の第2部については、実際に表計算ソフトを用いて数値や数式を入力し、各図表を再現してみることを強く薦めたい。昨今は、DCFモデルの計算シートも、インターネットでサンプルが入手できるようだ。しかしながら、他人が作成したシートを流用するのではなく、実際にシートの1つひとつのセルに数式を入力して作成しなければ、モデルがどのように構成されているのかの理解は深まらない。本書では、各セルの計算式が示されているため、図表の数値を再現できるはずである。時間はかかるが、こうした作業を一度経験しておくことが、企業価値の実務に習熟するうえでは近道であると信じている。

末筆になるが、読者が企業価値評価と、その背景にあるコーポレート・ファイナンス理論に興味を持ち、より理解を深めることに本書が貢献できたとすれば、筆者にとってこのうえない喜びである。

謝辞

　本書の内容の基礎は、筆者がこれまで担当してきた、中央大学アカウンティングスクール、早稲田大学大学院ファイナンス研究科、そして同大学院経営管理研究科（ビジネススクール）での講義にある。それらの講義に参加してくれた履修生とのやり取りを通じて、この本の核が形成されたといっても過言ではない。

　また、筆者に外部アドバイザーを委嘱し、最前線でM&Aの企業価値評価に携わる、実務家が抱える疑問や問題点を共有する機会を与え続けていただいた、みずほ銀行コーポレートアドバイザリー部の近藤誠一郎部長をはじめとする歴代部長、部員の皆さまには、心から謝意を表明したい。さらに初稿完成後、お忙しい中、企業価値評価の計算シートの確認を引き受けてくださった、A&MIアドバイザーズファームの木下政昭先生には、あらためて御礼を申し上げたい。

　そして誰よりも、本書の企画当初から力強いサポートをいただいたのは、ダイヤモンド社ハーバード・ビジネス・レビュー編集部の村田康明氏、現編集長の大坪亮氏、前編集長の岩佐文夫氏であった。特に村田氏には、一般読者代表として原稿に詳細に目を通していただき、数多くの貴重なご助言とご指導をいただいた。氏のお力なくして、本書が出版の日を迎えることはなかったであろう。

　最後に、筆者が原稿執筆に追われて、書斎に閉じ籠もりがちの生活を送るなか、理解を持って支えてくれた妻と長男に心から感謝するとともに、2016年の熊本地震で実家が被災した母と、その母の一人暮らしを支えてくれている周囲の人たちにも、本書を捧げることとしたい。

2018年10月

鈴木一功

参考文献（本文注に記載したものを除く）

Dimson, E., P. Marsh, and M. Staunton, 2017, *Credit Suisse Global Investment Returns Yearbook 2017*, Credit Suisse Research Institute.（インターネット上で入手可能）

Fernandez, P., V. Pershin, and I. F. Acín, 2017, "Discount Rate (Risk-Free Rate and Market Risk Premium) Used for 41 Countries in 2017: A Survey," *Working Paper*, IESE Business School.（インターネット上で入手可能）

バーク・ジョナサン, ピーター・ディマーゾ『コーポレートファイナンス 第2版 入門編・応用編』（久保田敬一他訳、丸善出版、2014年）（原書最新版：Berk, J., and P. DeMarzo, 2017, *Corporate Finance* (4th ed.), Pearson.）

ブリーリー・リチャード A., スチュワート C. マイヤーズ, フランクリン・アレン『コーポレートファイナンス 第10版 上・下』（國枝繁樹他訳、日経BP社、2014年）（原書最新版：Brealey, Richard A., Stewart C. Myers, and Franklin Allen, 2016, *Principles of Corporate Finance* (12th ed.), McGraw Hill.）

マッキンゼー・アンド・カンパニー、ティム・コラー、マーク・フーカート、デイビッド・ウェッセルズ『企業価値評価 第6版［上］［下］』（マッキンゼー・コーポレート・ファイナンス・グループ訳、ダイヤモンド社、2016年）（原書：McKinsey & Company Inc., Koller, T., M. Goedhart, and D. Wessels, 2015, *Valuation: Measuring and Managing the Value of Companies* (6th ed.), John, Wiley & Sons.）

ロス・スティーブン, ランドルフ・ウェスターフィールド, ジェフリー・ジャフィー『コーポレートファイナンスの原理 第9版』（大野薫訳、きんざい、2012年）（原書最新版：Ross, Stephen, Randolph Westerfield, and Jeffrey Jaffe, 2015, *Corporate Finance* (11th ed.), McGraw-Hill Education.）

鈴木一功『企業価値評価【実践編】』（ダイヤモンド社、2004年）

［著者］
鈴木一功（すずき・かずのり）

早稲田大学大学院経営管理研究科（早稲田大学ビジネススクール）教授
1961年、熊本県熊本市生まれ。1986年、東京大学法学部卒業後、富士銀行（現みずほ銀行）入社。1990年、INSEAD（欧州経営大学院）MBA（経営学修士）、1999年、ロンドン大学（London Business School）金融経済学博士（Ph.D. in Finance）。富士銀行にてデリバティブズ業務、同行M&A部門（現みずほ証券）にて企業価値評価担当のチーフアナリストを務める。2001年4月から2012年3月まで、中央大学専門職大学院国際会計研究科教授。2012年4月より現職。証券アナリストジャーナル編集委員、みずほ銀行コーポレートアドバイザリー部外部アドバイザー。主な著書として、『MBAゲーム理論』『企業価値評価【実践編】』（以上、ダイヤモンド社）。主な翻訳書として、『行動ファイナンスと投資の心理学』（東洋経済新報社）、『ビジネス統計学【上】【下】』（ダイヤモンド社）。

企業価値評価【入門編】

2018年10月24日　第1刷発行
2023年12月27日　第3刷発行

著　者――鈴木一功
発行所――ダイヤモンド社
　　　　〒150-8409　東京都渋谷区神宮前6-12-17
　　　　https://www.diamond.co.jp/
　　　　電話／03・5778・7228（編集）　03・5778・7240（販売）
装　丁――遠藤陽一（デザインワークショップジン）
本文デザイン・DTP――岸 和泉
校　正――加藤義廣（小柳商店）
製作進行――ダイヤモンド・グラフィック社
印　刷――信毎書籍印刷（本文）・加藤文明社（カバー）
製　本――加藤製本
編集担当――村田康明

©2018 Kazunori Suzuki
ISBN 978-4-478-02862-9

落丁・乱丁本はお手数ですが小社営業局宛にお送りください。送料小社負担にてお取替えいたします。但し、古書店で購入されたものについてはお取替えできません。
無断転載・複製を禁ず
Printed in Japan

◆ダイヤモンド社の本◆

世界累計80万部突破したバイブル！
5年ぶりに最新版が登場

ディスカウント・キャッシュフロー（DCF）法による企業価値評価について、その本家であるマッキンゼー・アンド・カンパニーがまとめた専門書の"決定版"。ESGやデジタル施策、小資本の事業の価値評価について新たに盛り込まれたほか、全編にわたる事例を刷新。下巻には付録としてDCF法による企業価値評価が実践できるワークシートのダウンロードサービスが付いています。

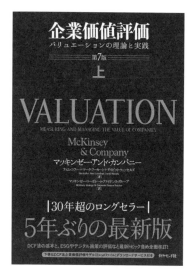
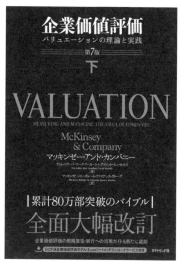

『企業価値評価第7版　上・下』

ティム・コラー／マーク・フーカート／デイビッド・ウェッセルズ［著］
マッキンゼー・コーポレート・ファイナンス・グループ［訳］

●A5判上製●定価（本体4,500円＋税）

http://www.diamond.co.jp/

◆ダイヤモンド社の本◆

DCF法を20のステップで具体的に解説

投資の意思決定や事業評価の手法として世界的スタンダードとなったDCF法について、実際の日本企業の事例をもとに実務に即してわかりやすく解説。

企業価値評価【実践編】

鈴木一功 [編著]

●A5判上製●定価（本体4000円＋税）

http://www.diamond.co.jp/